GOLDMANN
RATGEBER

W0085578

*Buch*

Mit diesem Buch stellt Dr. med. Heinrich Klaus die von ihm entwikkelte, neue Heilungsmethode des *Imagineering* vor, deren Zielsetzung es ist, unsere Rolle während des Heilungsprozesses von einer passiven in eine aktive umzuwandeln. Dies geschieht mit Hilfe von geleiteten Phantasien, durch die wir die meist psychischen Ursachen für unsere physischen Leiden erfahren. Wie man mit *Imagineering* diese oft traumatischen Erfahrungen auflösen kann, wird an Hand eines theoretischen und eines praktischen Textteils vermittelt, denen sich eine Reihe von Übungsprogrammen anschließen.
Ein typisches Merkmal des *Imagineering* ist auch die ungewohnte Anordnung des Textes, der nicht über die gesamte Breite verläuft, sondern, dem menschlichen Gehirn entsprechend, in eine rechte, emotionale und in eine linke, logische Spalte gegliedert ist. Die gleichmäßige Stimulierung beider Gehirnhälften, die auf diese Weise erfolgt, führt sowohl zu einer ausgewogenen Aufnahme des Textes, als auch zu einem beschleunigten Heilungsprozeß.

*Autor*

Dr. Heinrich Klaus studierte in München Medizin und sammelte Erfahrungen in vielen therapeutischen Bereichen. Nach längerem beruflichen Aufenthalt in Holland, wo er in der Drogenberatung und als Gründer und Leiter des »Health Center« tätig war, siedelte er 1984 in die USA über. Er lebt nun in Santa Fe, wo er an zahlreichen Instituten für alternative Heilverfahren, unter anderem »Santa Fe Pain Center« und dem Entspannungskurhaus »Sunrise Springs«, lehrt und forscht.

# HEINRICH KLAUS

# Heilung und Selbstheilung durch Imagineering

GOLDMANN VERLAG

Originalausgabe

Illustrationen von David Gittens, Santa Fe

Der Goldmann Verlag
ist ein Unternehmen der Verlagsgruppe Bertelsmann

Made in Germany · 4/90 · 1. Auflage
© 1988 by Dr. med. Heinrich Klaus, Santa Fe/USA
© 1990 der deutschsprachigen Ausgabe by Goldmann Verlag, München
Umschlaggestaltung: Design Team München
Satz: IBV Satz- und Datentechnik GmbH, Berlin
Druck: Presse-Druck Augsburg
Verlagsnummer: 13550
Lektorat: Diane von Weltzien
Herstellung: Gisela Ernst
ISBN 3-442-13550-8

# Inhaltsverzeichnis

## Teil II: Die Praxis des Imagineering

# Vorwort

Als ich noch ein kleiner Junge war, nahm mich mein Vater häufig nach der Praxis auf seine Hausbesuche mit. Seine Patienten vergötterten ihn, und er glaubte, es läge an den Medikamenten und Maßnahmen, die er verordnete. Ich aber sah etwas viel Wertvolleres: Er hörte zu, sprach mit ihnen und wußte sie mit Bildern und Vorstellungen über ihre baldige Genesung zu motivieren.

Als ich zwölf war, drückte er mir ein Buch über »Autogenes Training« mit der Bemerkung in die Hand: »Hier, vielleicht hilft dir das beim Einschlafen.« Von diesem Tag an begann meine Forschungsreise durch Gehirn und Verstand mit Übungen, Entspannung und Meditation.

Schließlich studierte ich selber Medizin und ließ meine Weltanschauung von Dieter Eicke, Professor für Psychosomatische Medizin, nachdrücklich beeinflussen.

Meine Studienjahre fielen in die fruchtbare Zeit der Studentenrevolte, die glücklicherweise sogar unsere – als konservativ verschriene – Medizinische Fakultät erfaßte. Neue Denkansätze und neue Methoden, die wir damals entwickelten, kommen dieser Tage endlich überall in der Heilkunde zum Vorschein. So habe ich die letzten 30 Jahre meines Lebens – unbewußt und bewußt – Medizin und Humanistische Psychologie miteinander verbunden. Dazu reiste und lebte ich in verschiedenen Ländern und Kulturen Europas, Asiens und Nordamerikas.

Mit unvoreingenommener Neugierde probierte ich alles aus, was unter dem Etikett »Heilung« angepriesen und vermarktet wurde. Yoga, Ayurvedische Medizin, Naturheilkunde, Bindegewebsmassage, Dynamische Meditation, Faith Healing, Channeling, Urschrei-Therapie, Rebirthing und vieles andere gaben mir genauso tiefe Einblicke wie meine Tätigkeit als Anästhesist, meine langjährige Arbeit in einer Klinik für Drogensüchtige, als Therapeut und Lehrer für Humanistische Psychologie und als Student esoterischer Heilkunde.

Heilung verstehe ich als Gesundung des GANZEN Menschen mit all seinen Aspekten: KÖRPER, E-MOTIONEN, VERSTAND und GEIST. Heilung kommt nicht von außen, sondern aus dem Inneren des Menschen: *Sie sind Ihr eigener Heiler!*

1984 habe ich mich in den USA niedergelassen und lebe seitdem in Santa Fe, einer Stadt, die für ihre Musik, bildenden Künste, Spiritualität und holistische Medizin berühmt ist. Hier lehre, lerne und arbeite ich an zahlreichen Instituten für alternative Heilverfahren, unter anderem am »Santa Fe Pain Center«, in dem hiesigen psychiatrischen Krankenhaus und am Entspannungskurhaus »Sunrise Springs«. Mit dem Erscheinen meiner Bücher werde ich meine Praxis auch in Deutschland ausüben.

Die Heilmethode *Imagineering* und dieses Buch sind ein Produkt all meiner voraufgegangenen *Erfahrung* und meiner *Eingebung.*

Es soll linke und rechte Gehirnhälfte gleichermaßen aktivieren und wieder miteinander ins Gleichgewicht bringen.
Wie?
Das erfahren Sie auf den folgenden Seiten.
Viel Spaß!

Dr. med. Heinrich Klaus

# Einführung

*Gebrauchsanweisung für dieses Buch*

Lieber Leser!

Bevor Sie beginnen ...
gehen Sie bitte *sorgfältig* durch die folgende
Gebrauchsanweisung.

Dieses Buch ist in einer völlig neuen Art und
Weise geschrieben und gedruckt! Der Text
läuft *nicht* über die gesamte Seite. Ich habe
die Seiten zweigeteilt in eine linke und rechte
Spalte...

        ... vergleichbar mit der rechten und linken
        Gehirnhälfte.

Sie werden oftmals von der linken zur rechten Seite überwechseln müssen, und das häufig mitten...

        ... im Satz, Absatz oder Kapitel.

Während ich das Buch schrieb, bin ich selbst
ständig von der einen zur anderen Seite...

        ... übergewechselt.

Alle *sachlichen* Erklärungen befinden sich
auf der *linken* Buchseite, von wo sie von der
*linken*, der *logischen Gehirnhälfte* absorbiert
werden können.

Erzählung, Beispiele und alle *emotional* geladene Information sind auf der *rechten* Buchseite zu finden und werden an die *rechte, fühlende Gehirnseite* appellieren.

Diese neue Form der Kommunikation nenne ich ALTERNIERENDES LESEN.

Augen und Kopf beschreiben beim alternierenden Lesen ständige Kreisbewegungen, während sie von der rechten zur linken Spalte wechseln. Dasselbe geschieht mit den beiden Gehirnhälften. Die Folge:

*Der Energiefluß im Körper wird gesteigert!*

Beide Gehirnhälften werden in schneller Folge stimuliert bis ein kreisendes Fließen entsteht, ähnlich einem Mandala.

Die beiden Gehirnhälften spielen sozusagen Pingpong miteinander und schaffen ein harmonisches Zusammenspiel von Gleichgewicht und Vollkommenheit. Lassen Sie sich ohne Anstrengung in den Text dieses Buches hineinfallen, und erfahren Sie das bezaubernde ZUSAMMENSPIEL der beiden Gehirnhälften.

**Warnung!**
*Die alternierende Schreibe-Lese-Technik kann den persönlichen Energiefluß bis zum Gefühl der*

*Energieüberladung anheizen!*
Wie bemerken Sie diesen Zustand?

Die gesteigerte visuelle Aufnahme erhöht die biochemische Austauschrate zwischen Au-

gen und Gehirn bis zur Grenze der Erkenn-
barkeit. Die Folgen sind:

*Übererregbarkeit und Schwindelgefühl.*
Wie kann man sich davor schützen?

1. Fahren Sie mit der *linken Handfläche* von
unten nach oben über die Seite.
Das stimuliert Ihr Sinnesorgan Haut und
bringt Sie zurück in die Welt der Empfindun-
gen.

2. Fahren Sie mit der *rechten Hand* durch
Ihre Haare. Beginnen Sie bei der Stirn und
enden Sie bei der hinteren Haargrenze. Lassen Sie die Hand an Stellen verweilen, die sich
danach anfühlen.

3. Atmen Sie tief durch den Mund. Senden Sie
einen erfrischenden Sauerstoffstrom zu Ihrem Herzen, und lassen Sie die Luft mit einem wohligen Seufzer entweichen.

Das bringt Sie sofort zurück von der rein *gedanklichen* Ebene und reintegriert Sie *ge-
fühlsmäßig* und *körperlich*. Diese Integration
ist hilfreich, denn Ihre Empfindung als Leser
wird sein:

»Was du mir sagst, werde ich vergessen. Was du mir zeigst, werde ich
erinnern. Die Dinge, an denen du mich teilnehmen läßt, werde ich verstehen.«

Dieses Buch ist so geschrieben, daß Sie es an
Ihre individuelle Begabung und Ihre persönlichen Heilungsbedürfnisse anpassen können.

Gehören Sie zu denjenigen, die ein Buch von Deckel zu Deckel durchlesen? Dann lieben Sie Information, *Theorie* und schrittweise Problemlösung.

Sie werden mit Teil I auf Seite 19 beginnen wollen.

Sind Sie ein Mensch, der das Praktische liebt? Orientieren Sie sich vornehmlich mit Hilfe Ihrer *Sinnes-* und *Gefühlswelt?*

Dann empfehle ich Ihnen, mit Teil II auf Seite 99 zu beginnen.

Oder gehören Sie zur Kategorie der *Phantasie*begabten, die in ihren Bildern und Visionen denken und leben?

Das Kapitel »Der Abbau von Streß« auf Seite 157 und die folgenden Übungen werden Sie am meisten ansprechen, und Sie können sich von dort aus rückwärts durch das Buch arbeiten.

So wird dieses Buch fast jedem Leser gerecht und macht Ihren persönlichen Heilungsprozeß zu einer interessanten, lehrreichen und schöpferischen Entdeckungsreise!

### Wie Krankheit beginnt

Jawohl, ich werde immer noch krank. Und ja, am Anfang finde ich es schrecklich. Ich habe größte Widerstände dagegen.
Während ich diese Zeilen schreibe, liege ich mit einem Bandscheibenvorfall im Bett.
Das ist *die* Gelegenheit, mein Buch über Heilung zu schreiben! Anderenfalls wäre ich viel

zu beschäftigt, anderen bei ihrem Heilungsprozeß behilflich zu sein. *Hier und jetzt* ist
der perfekte Moment, alle meine Heilungs-
methoden und -werkzeuge um mich zu ver-
sammeln und mir selbst etwas Gutes zu tun.
Wollen Sie teilnehmen?
Willkommen!

Immer wenn ich krank werde, gehe ich un-
willkürlich durch die folgenden Phasen:

| | |
|---|---|
| Verleugnung: | Ich tu' so, als ob nichts wäre. |
| Verhandeln: | Ja, ich fühle mich heute nicht so gut, aber es ist nichts Schlimmes. |
| Ärger: | Mich schmerzend und schwach zu fühlen, macht mich wütend. |
| Niedergeschlagenheit: | Selbstmitleid und Schmollen: Warum gerade ich? Ich werde pathetisch. |
| Hingabe/Übergabe: | Akzeptieren, was sich auf meiner körperlichen Ebene abspielt, und ich beginne zuzuhören, was mein Körper mir sagen will. |
| Heilung: | Ich unternehme alle »richtigen« Schritte, um mich selbst zu heilen und mich von anderen dabei unterstützen zu lassen. Ich gehe zum Doktor, zu Heilern, frage meine Freunde um Hilfe und bitte sie, für mich zu sorgen. Ich meditiere und gebrauche meine eigene Methode des *Imagineering*. |

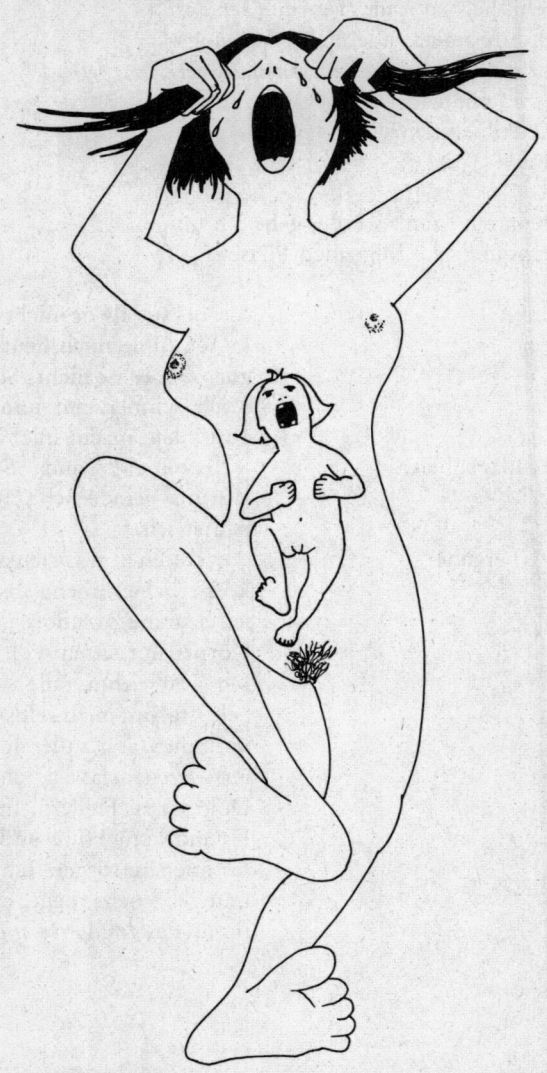

Abb. 1: Während die meisten Frauen äußerlich weinen, ist ihr inneres Mädchen in Wirklichkeit häufig wütend.

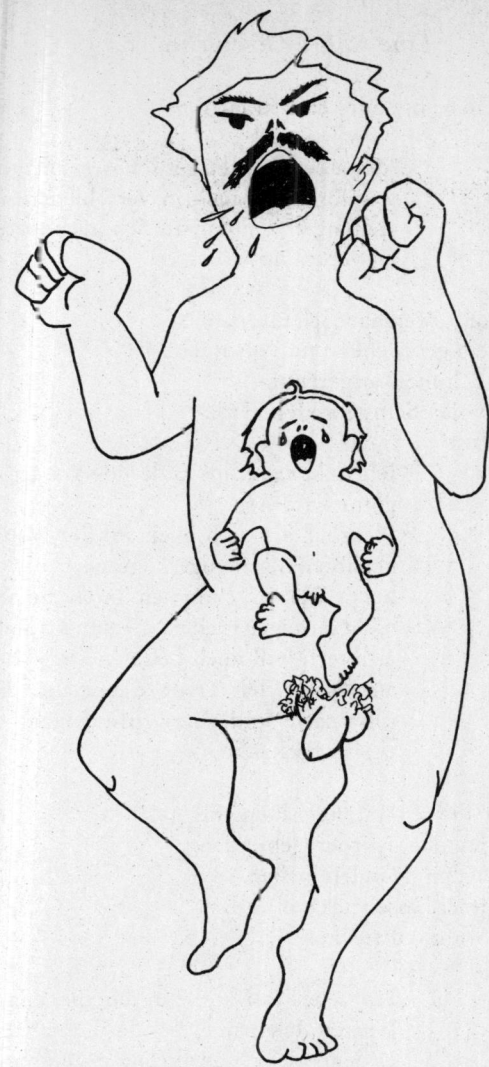

Abb. 2 Während die meisten Männer äußerlich ihre Wut zeigen, weint ihr inneres Kind vor Schmerz und Isolation.

### Eine wahre Geschichte

Auch das heiße Bad bringt mir keine Erleichterung!

Meine rechte Schulter schmerzt bei jeder Bewegung, und auch in verschiedenen Ruhestellungen beginnt sie sich nach kurzer Zeit zu verkrampfen.

Es ist verrückt, vor Jahren habe ich mir mein linkes Schlüsselbein gebrochen und vor drei Tagen die rechte Schulter ausgerenkt.
Ich leide. Ich bin voller Selbstzweifel: »Doktor, heile dich selbst!«

Ich sinke tiefer ins lindernde Wasser und beginne zu dösen.
Plötzlich sehe ich mich auf der Neugeborenenabteilung, einige Tage nach meiner Geburt. Warum kann ich bloß meine Arme nicht bewegen? Ich winde und krümme mich erbittert, will mich befreien und schreie wie am Spieß. Ich ersticke beinahe, während Ohnmacht und Verzweiflung sich gegenseitig hochschaukeln.

Die Nonnen auf der Abteilung haben mir beide Ärmchen an den Körper gebunden. Fingerchen an beiden Händen haben sich entzündet, und dieser Fesseltrick soll verhindern, sie in den Mund zu stecken.

Ich sehe Vati stolz durch die Glasscheibe blicken. Ich brülle, was das Zeug hält. Merkt er denn nicht, was die hier mit mir anstellen? Er ist doch selber Arzt, warum interveniert er nicht?

»Man redet einem Kollegen nicht gern drein.
Das gehört sich nicht. – Außerdem ist Kin-
dergeschrei Musik für die Ohren der Eltern
und kräftigt die Lungen.«

Zur Fütterzeit legen sie mich hilflos gebün-
delt in Muttis Arme. Sie schaut mich ratlos
an. Ich kann ihre Umarmung nicht erwidern
und die Distanz überbrücken. Ich starre sie
hoffnungslos an. Tu was!

»Die Nonnen lassen nicht mit sich reden! –
Fäustlinge? Ja, das wäre eine Lösung gewesen. Aber es war doch gleich nach dem Krieg,
es gab doch nichts!«

Beide Schultern fühlen sich spastisch an. Ich
drohe in meiner Depression zu ertrinken. Je
tiefer ich ins Wasser rutsche, desto höher
steigt der Pegel meiner Agonie.

Schulterbeschwerden bedeuten in der psychosomatischen Symbolsprache, daß jemand,
statt Freude im Leben zu haben, eine zu große
Bürde trägt.

Ich fühle mich eingeschnürt. Bleibe ich denn
mein Leben lang an die schmerzhaften Episo-
den meiner Vergangenheit gefesselt und muß
sie endlos wiederholen? Bin ich in mir selbst
eingesperrt?

Da erinnere ich mich an die von mir entwikkelte Heilmethode »Imagineering«. Mit Hilfe
meiner Vorstellungskraft kann ich mich aus
jeder – auch der hoffnungslosesten – Lebens-
erfahrung befreien. Was immer ich will, ich
kann es geschehen machen!

Ein Schwert blitzt auf, messerscharf! Ritsch, Ratsch! Die Lappen fallen in Fetzen zu Boden. Ich schwinge meine Ärmchen wie Windmühlenflügel. Endlich frei!

Eine Last ist von meinen Schultern genommen. Meine Lungenflügel entfalten sich endlich vollständig und machen dabei ein Geräusch wie ein Fallschirm, der sich plötzlich öffnet.

Meine Depression ist wie weggeblasen, als hätte ich den Deckel vom Dampfkochtopf (Schultern!) gelüftet, den ich jahrzehntelang niedergehalten habe.

Mit beiden Händen und Armen werfe ich Vati und Mutti Handküsse zu. Seht her, ich kann meine Schultern wieder voll gebrauchen und habe die Macht über meinen Körper zurückgewonnen!

Sie lachen und winken zurück.

Wie ich aus dem Bad steige, fühlen sich meine Schultern ent-spannt an, als sei mit der psychischen Lösung eine elektrische Ladung abgeflossen. Meine Schultern sind nun bereit zu heilen.

# Teil I:
# Die Theorie des Imagineering

# Wege in den Streß

## 1. Das »Kleine« und das »Große Paradies«

Unser Lebenszyklus beginnt auf diesem Planeten in der Gebärmutter und sollte – ebenfalls hier – im Paradies enden.

Wir wissen weder, wo wir herkommen noch,
wo wir hingehen.
Nehmen wir einmal an, wir kämen vom
»kosmischen Zentrallager«, wie ich es in der
folgenden Zeichnung dargestellt habe.

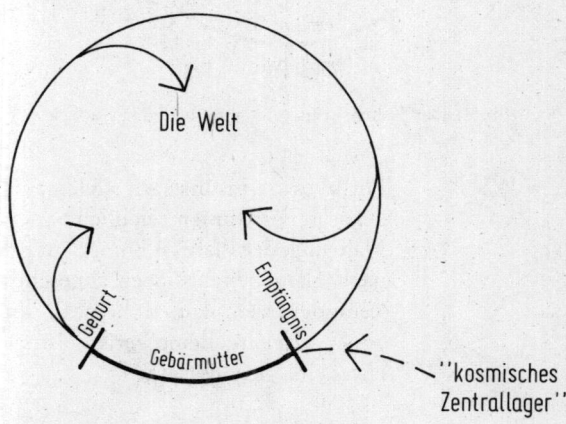

Abb. 3: Der Lebenskreis.

Empfängnis als Schöpfungsakt: Aus dem Nichts entsteht plötzlich etwas durch die sexuelle Vereinigung unserer Eltern.
Die nächsten neun Monate sehen uns in der Gebärmutter in Vorbereitung.

Dort können wir uns wie in einem »Kleinen Paradies« fühlen: geschützt, genährt und behütet. Hier verbleiben wir, bis wir reif sind, in das »Große Paradies«, in die Welt hinauszusteigen.

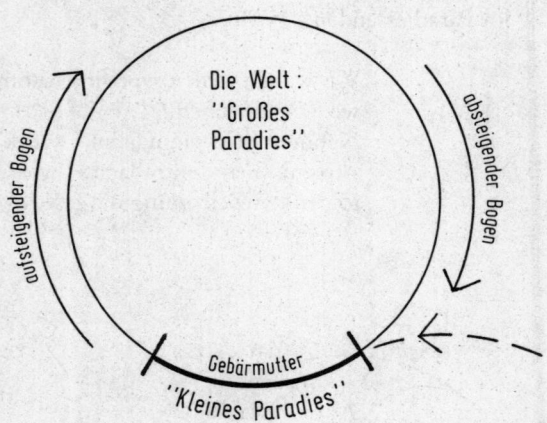

Abb. 4: Der Lebenskreis und seine beiden Paradiese.

Für alles ist in unserem »Kleinen Paradies« gesorgt. Wir finden reichlich Sauerstoff und Nahrung, der Platz ist immer gut geheizt und nach allen Seiten sicher abgeschottet. Alle Veränderungen laufen beinahe unmerklich ab. Wir lernen »keine Veränderung« mit »Sicherheit« gleichzusetzen.

Pränatale Gehirnuntersuchungen in den achtziger Jahren haben gezeigt, daß vom sechsten Monat an die Gehirntätigkeit des Fötus der des Erwachsenen ähnelt. Wissenschaftler gehen mittlerweile davon aus, daß der sechste Monat den Beginnpunkt für das *menschliche Bewußtsein* (nicht des Verstandes) darstellt.

Das Bewußtsein des Ungeborenen ist noch ohne Verstand.

Als *Verstand* bezeichne ich das Software-Programm, in dem alle Erinnerungen gespeichert sind, die unserem Überleben dienen.

Ohne Verstand besteht noch keine Vergangenheit oder Zukunft und somit noch keine Zeit.
Eine endlose Kette von »Jetzt« schlägt in der Gebärmutter die Brücke von Unendlichkeit zu Unendlichkeit.

Wenn wir *perfekt* definieren als das, *was wir nicht mehr verbessern können,* dann haben wir alle während unserer Gebärmutterperiode ein Konzept für Perfektion mitbekommen.

Ich bin überzeugt, daß die Idee vom Paradies, wie wir sie in den meisten Religionen vorfinden, eine unbewußte Erinnerung an unseren Aufenthalt in der Gebärmutter darstellt. Unser Streben nach Perfektion spiegelt eine unbewußte Sehn-Sucht »zurück in den Mutterleib« wider.

Nach Vollendung des neunten Monats sind wir genügend vorbereitet, um in das »Große Paradies« einzutreten, den Planeten Erde.

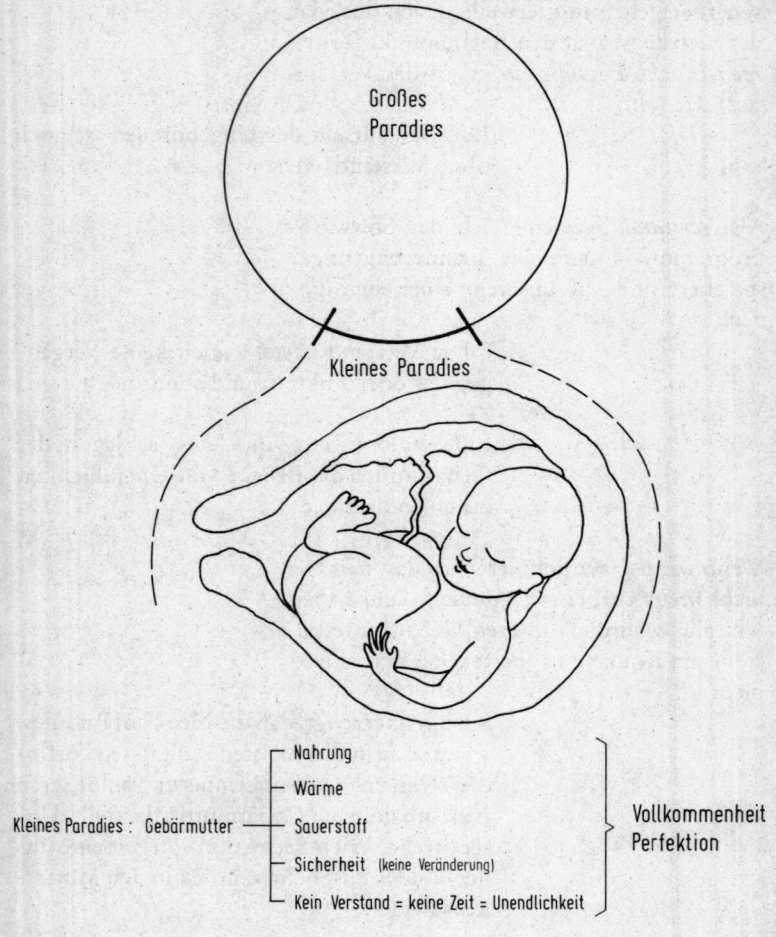

Abb. 5: Das vollkommene Leben.

24

Auf diesem wunderschönen »blauen Planeten« mit seinem Sonnenlicht, den Wolken,
Weltmeeren, Flüssen, Wiesen und Wäldern,
Tieren und Menschen sollten wir uns nun
voll entfalten können.

Wie bequem und sicher die Gebärmutter
auch sein mag, wir können unsere menschlichen Qualitäten in ihr nur sehr beschränkt
ausdrücken. Unsere Sinne bleiben unentfal-
tet, wir sehen weder Sonne noch Farben, wir
riechen nicht an Blumen oder er-fassen Ge-
genstände. Unsere Bewegungen sind einge-
schränkt, und wir können nicht rennen oder
tanzen, sprechen oder singen und auch nicht
unsere Gefühle mitteilen.

Außerhalb der Gebärmutter beginnen wir
uns erst richtig zu entfalten.
Warum bloß genießen nur die wenigsten
Menschen ihr Leben in der Außenwelt, die
ich das »Große Paradies« nenne? Warum so
viel Schmerz und Leid und so wenig Gesundheit, Freude und Glück?

Es ist wegen der Unzahl von VERLETZUNGEN
(Traumata), die uns auf unserer Reise in die
neue Welt begegnen.

Es scheint, daß die Traumata, die uns in den
Weg gelegt werden, die »Eintrittskarte« für
das Leben auf unserem Planeten sind.
Es sind die Hindernisse und Schwierigkeiten,
an denen wir am meisten lernen und an denen
sich zeigen wird, aus welchem Holz wir ge-
schnitzt sind.

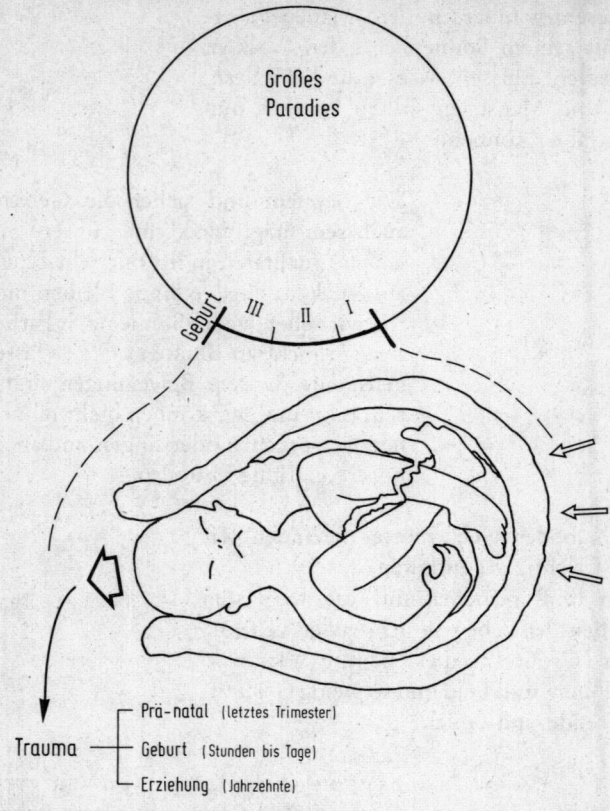

Abb. 6: Traumata sind die Eintrittskarten zum »Großen Paradies«.

Zu entdecken, wie und wann wir Gesundheit, Freude und Glück verloren haben,
weist uns dann auch gleichzeitig den Weg zu
ihnen zurück. Wenn wir dann Krankheit
und Streß heilen und ihnen vorzubeugen lernen, finden wir auch gleichzeitig den Pfad
ins »Große Paradies«. Das nenne ich END-
GÜLTIGE HEILUNG; eine Gesundung, die

nicht an den Symptomen herumdoktert. *Wirkliche Gesundheit ist das Ende allen Leidens!*

## 2. Ursachen für den Verlust des »Paradieses«

### *Das pränatale Trauma*

Schockwellen der äußeren Welt hinterlassen bereits Ein-Drücke auf uns, während wir noch in der Gebärmutter sind.

Jede Zigarette, die die werdende Mutter raucht, raubt dem Ungeborenen einen großen Teil seiner Sauerstoffversorgung. Selbst wenn die Mutter bloß ans Rauchen *denkt*, wird das Kleine schon ganz ängstlich und aufgeregt, wie wissenschaftliche Untersuchungen ergeben haben.

Starke emotionale Krisen der Mutter beeinflussen ihren Hormonspiegel und teilen sich dem Fötus über die Plazenta mit. Das Ungeborene speichert diese Eindrücke in seiner Erinnerung, besonders vom achten Monat an.

Eine zweiundvierzigjährige Frau, die wegen einer Rebalancing-Sitzung (Bindegewebsmassage) zu mir kam, erlebte einen heftigen Panikanfall, als ich an ihrer rechten Schulter arbeitete.

Mit Hilfe des *Imagineering* ging sie in die Panik hinein und fand sich in der Gebärmutter wieder. Jedesmal, wenn ihre Mutter sich auf die rechte Seite legte, wurde die rechte Schulter des Fötus heftig gequetscht. Jede stärkere Berührung der rechten Schulter löste Erinnerungen aus, die ihre »Panikknöpfe« drückten. Ich fragte sie: »Was könntest du von deiner Mutter verlangen, so daß der Druck aufhört?«

Sie antwortete: »Mutter soll sich gefälligst umdrehen!« – »Okay, befiehl Mutter, sich auf den Rücken zu legen«, war meine nächste Anweisung. Sobald sie diese befolgt hatte, strahlte sie über das ganze Gesicht. Ich konnte ohne weiteres die Verspannungen und Verklebungen des Bindegewebes in der Schulter lösen.

Teilt sich jede kleine Aufregung und Unpäßlichkeit bei Mutter oder Kind der vorgeburtlichen Erinnerung mit?
Natürlich nicht!

Jedoch, Kinder, deren Mütter den Zeugungsvater während des letzten Schwangerschaftstrimesters durch Tod oder Verlassen verloren haben, zeigen signifikant erhöhte Geburtskomplikationen, schlechtes Gedeihen, hohe Krankheitsanfälligkeit und Lernstörungen. Hier will ich auch an die vielen Ungeborenen erinnern, die zwar empfangen werden, aber durch gewollten oder ungewollten Abortus vorzeitig sterben. *Für sie ist die Gebärmutter nicht das »Kleine Paradies«, sondern wird zum Friedhof.*
Kinder, die *nach* einer gewollten oder ungewollten Fehlgeburt geboren werden, sollten darüber Bescheid wissen. Denn sie müssen sich extra anstrengen, *um den Gebärmutterfriedhof in einen fruchtbaren Acker zu-*

*rückzuverwandeln.* Das ist oftmals ein Hürdenlauf gegen allerlei Schwangerschaftskomplikationen und/oder mütterliche Gefühle von Angst, Zweifel und Schuld.

### Das Geburtstrauma

Nicht jede Geburt muß traumatisch sein. Die Reise durch den engen Geburtskanal kann als letzte intensive Verbundenheit zwischen Mutter und Kind erlebt werden. Es hilft dem Kind, seine körperlichen Grenzen zu definieren (was den Kaiserschnittgeborenen zum Beispiel fehlt).
Als Arzt auf der geburtshilflichen Abteilung habe ich Mütter gesehen, die während und gleich nach der Geburt

Orgasmen hatten.
Ihre Ekstase und das Glückserleben

haben sich den Geborenen sicherlich mitgeteilt. Für die meisten von uns ist jedoch die Geburt ein dramatischer Meilenstein.

Mit einem Schlage verlieren wir all die Annehmlichkeiten, die unseren Aufenthalt in der Gebärmutter so paradiesisch gestalten (siehe Abbildung 5).
Wir fühlten uns dort so wohl, weil wir unter *kontrollierten Bedingungen* lebten. Mit der Geburt fühlen wir uns total »außer Kontrolle« geraten.
Die Geburtswehen läuten das Ende der Zeitlosigkeit ein; wir werden durch einen engen Tunnel gepreßt und haben ständig das Ge-

29

fühl steckenzubleiben; Blut- und Sauerstoffversorgung drohen wiederholt zusammenzubrechen. Unser Wort »Angst« kommt von »Enge« und entstammt dieser Geburtserfahrung. Die Holländer sagen: »Dat find ik eng«, wenn sie ausdrücken wollen, daß sie etwas zum Fürchten finden.

Auch hier hat die Natur gnädig für uns vorgesorgt: Das Hormon *Oxytocin löst die Geburtswehen aus* und »löscht« gleichzeitig große Teile der Erinnerung von Mutter und Kind an das Geburtserlebnis.

Dieses von der Natur geplante und induzierte Vergessen stellt den *Kristallisationskern des Unterbewußten* dar (und entspricht somit Erinnerungsschablonen, die wir »aufgenommen« haben, aber nicht nach unserem Gutdünken wieder hervorholen können).

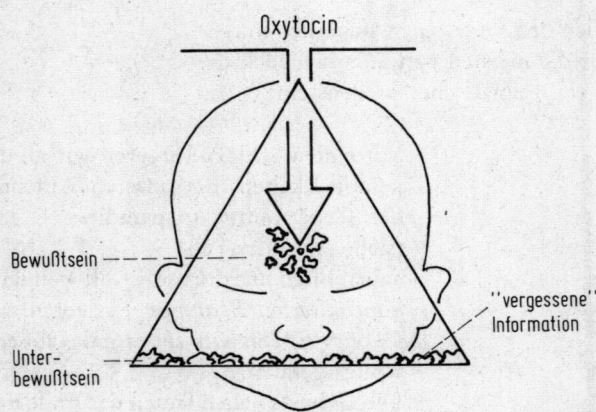

Abb. 7: Die Trennung von bewußtem und unbewußtem Material während der Geburt entspricht der Trennung von Licht und Dunkel.

Welchen Ein-Druck wir von unserer Geburt auf die »Fotoplatten« unserer Erinnerung ein-drücken, hängt davon ab, wie die Mutter die Geburt erfährt.

Das Baby ist ja noch immer an ihren Blutkreislauf angeschlossen und ist wie ein Radioempfänger Zeuge all ihrer Gefühle. *Ihre* Angst oder Panik teilt sie dem feinfühligen Organismus des Babys mit. Es kann noch gar nicht entscheiden, was die *eignen* Emotionen sind. Eine Trennung zwischen den beiden hat ja noch gar nicht stattgefunden und wird noch einige Zeit auf sich warten lassen.

Ich habe mehrere solcher Fälle von »abkopierten Emotionen« in meiner Praxis gesehen.

Ein Arzt kam zu mir in die Beratung und berichtete von seinem Erlebnis in der Röntgenabteilung.

Für eine magnetische Resonanzuntersuchung wurde er in eine enge Röhre gesteckt. Der Ausdruck des Schreckens auf seinem Gesicht ließ mich ahnen, was er in dieser mehrere Stunden dauernden Beengtheit durchgemacht haben muß.

Der *Imagineeringprozeß* brachte ihn zurück in den Geburtskanal, wo er dem ursprünglichen Schrecken begegnete. Es handelte sich um eine Risikogeburt, bei der alles, was schiefgehen konnte, auch tatsächlich schieflief. Seine Mutter war sich ihres Todes sozusagen gewiß. Als Ungeborener hatte er ihre Todesangst und damit *ihre* emotionale Schablone abkopiert. *Imagineering* brachte ihm die Einsicht, daß nicht ihm die Todesangst widerfahren war, denn er war ja noch viel zu unreif, um solche Gefühle überhaupt zu produzieren.

Er konnte sich entspannen und berichtete mir später, er habe seine Klaustrophobie nun im Griff.

Das Unterbewußtsein entläßt sein Material immer dann, wenn sich in unserem Leben »Geschichte wiederholt«. Wann immer sich etwas ereignet und Ähnlichkeit hat mit einer Situation, die wir schon einmal mitgemacht haben, wird die alte Schablone von damals re-aktiviert.

Die Reaktion des menschlichen Organismus auf Schmerz und Trauma ist *Kontraktion* und *Zurückweichen.*

Ich sehe täglich Menschen, die während ihrer Geburt so heftig verletzt worden sind, daß sie im wahrsten Sinne des Wortes verkümmert und zusammengeschrumpft sind.

Die Amerikaner nennen solche Menschen »Zombies.« Nur langandauernde, liebevolle Therapie kann sie aus diesem Zustand auftauen. Die Erlösung kommt dann, wenn sie noch einmal zum Moment des Terrors und Schmerzes zurückkehren und ihn mit Hilfe vom *Imagineering* im *Hier und Jetzt* überwinden.

## Das endlose Trauma Erziehung

Dem Pränatalen- und dem Geburtstrauma folgt noch eine viel schwerere Serie von Schocks. Schmerzhafte, beschämende und erniedrigende Erfahrungen warten auf die meisten von uns in den folgenden Jahren: Erziehung! Es sind Dauer und Wiederholung, die dieses Trauma so viel schwerwiegender machen. Immerhin handelt es sich hier um Jahrzehnte, wenn man bedenkt, daß viele ihre Ausbildung erst Mitte bis Ende Zwanzig abschließen.

Bitte mißverstehen Sie mich hier nicht. Es geht mir nicht darum, Erzieher oder Eltern zu schmähen. Die meisten von ihnen glauben wirklich, ihr Bestes zu geben.

Der Lern- und Erziehungsprozeß ist noch nicht richtig »verstanden« worden. Die neue-

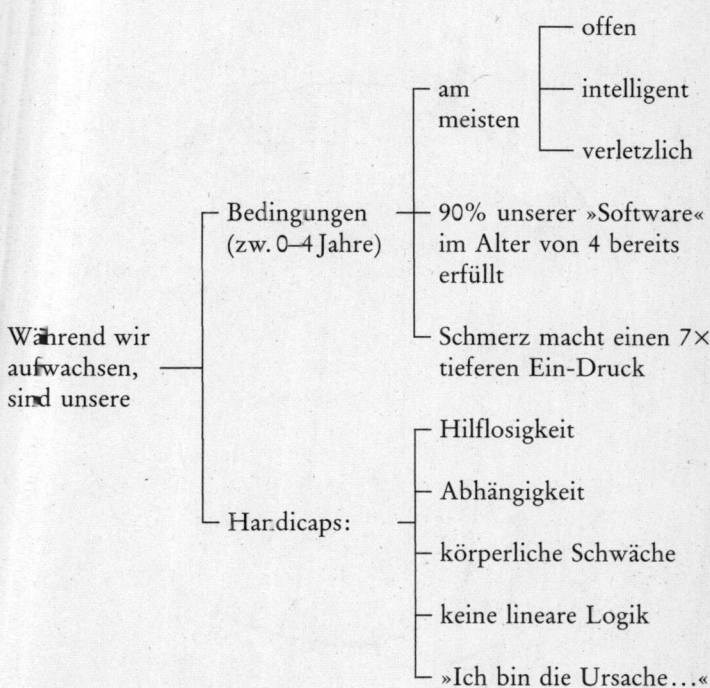

Unsere Bedingungen und Handicaps während der Erziehungsphase.

sten Ergebnisse von Gehirnforschung über »menschliche Datenverarbeitung« sind an Eltern und Lehrern bisher gleichermaßen vorbeigegangen. Unsere Erziehung hat weder die Polarisation des Gehirns in rechte und linke Hemisphäre in Betracht gezogen, noch auf die HANDICAPS des kindlichen Gehirns Rücksicht genommen.

Abbildung 8 zeigt den Lebenszyklus und die formativen Jahre nach der Geburt. *Freud* beobachtete drei Entwicklungsphasen während

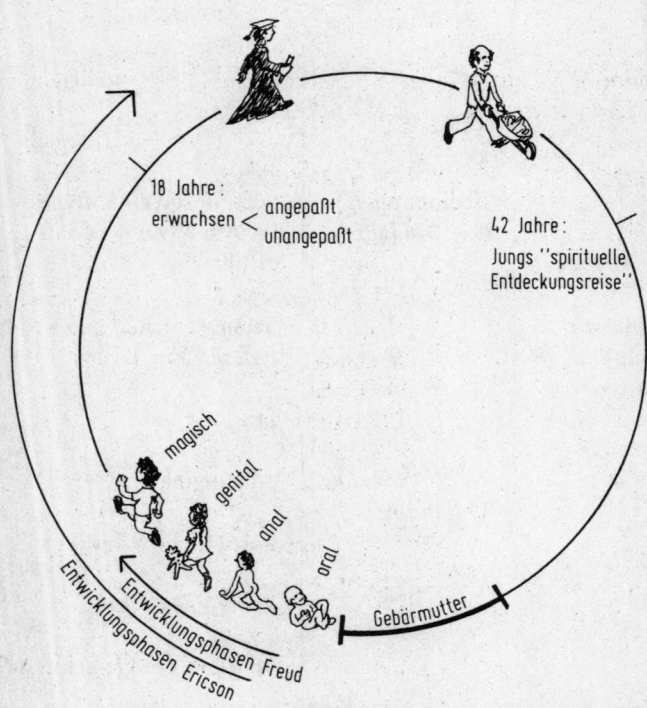

18 Jahre:
erwachsen < angepaßt
            unangepaßt

42 Jahre:
Jungs ''spirituelle
Entdeckungsreise''

magisch
genital
anal
oral

Entwicklungsphasen Freud
Entwicklungsphasen Ericson

Gebärmutter

Abb. 8: Der Lebenszyklus und seine formativen Momente.

der ersten drei Lebensjahre: oral, anal und genital. Entwicklungspsychologe E. *Ericson* unterscheidet insgesamt zwölf Entwicklungsstufen. Ich lege hier besonderen Wert auf Ericsons Beschreibung der Kinderzeit um das *vierte Lebensjahr,* die er »die magisch-mystischen Jahre« nennt.

> Was wir nicht bekommen können, erträumen wir uns einfach. Wir umgeben uns mit magischen Spielkameraden und führen Konversationen mit Engeln, Feen, guten und bösen Geistern und Gott und was immer wir als *Archetypen* in unserem *kollektiven Unbewußten* vorfinden.

Abbildung 8 erläutert, welche Faktoren in der bisherigen Erziehung übersehen wurden.
Zunächst einmal müssen wir die spezifischen *Bedingungen* des kindlichen Nervensystems respektieren lernen:

> 1. In den ersten vier Lebensjahren besitzt das Kind sein maximales Potential an:
> – Offenheit,
> – Intelligenz,
> – Verletzlichkeit,
> – Wißbegier.

Abb. 9: Offen, intelligent, wißbegierig und verletzlich.

2. Die Wissensaufnahme ist unglaublich schnell. *Mit dem vierten Lebensjahr sind bereits 90% unserer Gehirnkapazität mit Informationen besetzt, und die Muster festgelegt, nach denen wir unser Wissen aufnehmen!* Die restlichen 20 Jahre auf Schule, Universität und Fortbildung füllen die verbliebenen 10% aus und polieren, was bereits aufgenommen wurde.

Abb. 10: Bereits im Alter von vier Jahren sind 90% unserer Lebensinformation eingespeichert; das meiste davon geht in den »Untergrund«.

3. Schmerzvolle und negative Erfahrungen »ätzen« sich viel intensiver in die Erinnerung ein (bis zu siebenmal!) als alle guten.

Abb. 11: Schmerzvolle Erfahrungen drücken sich siebenmal tiefer in unser Bewußtsein ein.

Die folgenden KINDLICHEN BENACHTEILIGUNGEN begleiten unsere frühen Jahre wie ein Schatten. Die Amerikaner sprechen von HANDICAPS:

1. *Hilflosigkeit:* Das Menschenkind ist eines der hilflosesten Kreaturen auf diesem Planeten. Ein Fohlen kann zur Not schon wenige Stunden nach seiner Geburt überleben. Das menschliche Kind würde ohne Beistand mit Sicherheit sterben.

2. *Schwäche:* Es ist eine Tatsache, daß das Baby körperlich schwächer ist als ein Erwachsener oder die älteren Geschwister. Diese machen häufig von ihrer Kraft um ihres eigenen Vorteils willen Gebrauch.

3. *Abhängigkeit:* Wegen seiner Hilflosigkeit und Schwäche fühlt sich das Kind ausgeliefert und abhängig. Wenn Liebe und die sim-

plen Dinge zum Überleben an Bedingungen geknüpft werden, fühlt sich das Kind erpreßt, nur akzeptiert, wenn es Bedingungen erfüllt, und nicht wert, um seiner selbst willen geliebt zu werden.

Abb. 12: Hilflos, abhängig, körperlich schwach und mit unentwickelter linearer Logik sind wir anfällig für Erpressung.

4. Kinder haben noch keine *geradlinige Logik*. A ist nicht immer A und kann noch stets zu B, C, D etc. werden. Sie haben die Logik der Märchen und Mythen und kommen zu ihren Schlußfolgerungen durch ihre Ahnungen, Inspirationen oder finden ihre Lösungen intuitiv: Sie sind in der *prä-logischen Phase*.

Die graduelle Unterdrückung des »magischen Denkens« zugunsten der geradlinigen Logik in den letzten 3000 Jahren hat die Menschen in den westlichen Gesellschaften

von ihrer Spiritualität und ihrer Naturver-
bundenheit weitgehend getrennt. *Erziehung
wird als Training der linken – logischen –
Gehirnhälfte verstanden und vernachlässigt
die spirituellen Begabungen der rechten
Hemisphäre.* Die Abwertung der *femininen
Aspekte* – in Frauen *und* Männern gleichermaßen – ist ebenso auf die Überbewertung
der Logik zurückzuführen.

Kinder und Jugendliche fühlen, daß die heu-
tige Erziehung etwas in ihnen kaputtgemacht
hat; hier liegen die wirklichen Gründe hinter
dem weitverbreiteten Schulhaß.

> 5. Kleine Kinder sind allen Ernstes davon
> überzeugt, *daß sie die Ursache all dessen sind,
> was um sie herum passiert.* Wenn sich die
> Mutter abweisend verhält, der Vater die Tü-
> ren knallt, dann denkt das Kind bei sich: »Ich
> soll wohl wieder nicht artig gewesen sein.«
> Hier beginnt der Wunsch nach *Strafe* und
> *Selbstbestrafung,* die Faszination, die wir
> dem Thema *Schuld* entgegenbringen. Kinder
> vollziehen erst langsam die Trennung zwi-
> schen sich und der Welt und lassen nur un-
> gern die Überzeugung fallen, daß die gesamte
> Welt nur für sie da zu sein hat.

*Lernen* geschieht durch *Erfahren* und »ätzt«
einen Eindruck auf den »Computerchip«, in
die Gehirnzellen, das nennen wir *Erinnerung*

Einen vergleichbaren Prozeß kennen wir
aus der Fotografie. Hunderte von ähnli-
chen fotografischen Ab-Drucken ergeben
schließlich den Ein-Druck, den wir von uns
selber bilden. Wir werden im wahrsten
Sinne des Wortes be-eindruckt (siehe Ab-

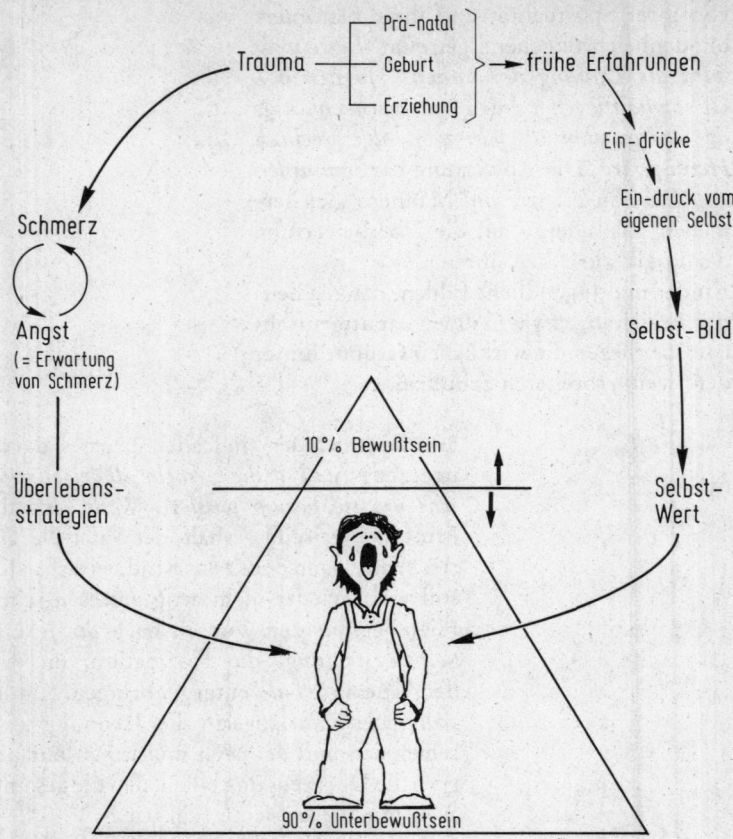

Abb. 13: Das Entstehen von Überlebensstrategien und unser Selbstgefühl.

bildung 13, linke Seite). Viele solcher Ein-Drücke setzten wir zusammen zu einer Kollage, die wir unser *Selbstbild* nennen. Unsere *Identität* beziehen wir aus einem *Selbst-Bild*, das wir uns ständig wie einen Spiegel vorhalten.

Milliarden frühkindlicher Erfahrungen ergeben Milliarden Eindrücke, und jeder dieser Eindrücke hat die »Filter« unserer HANDICAPS passiert. Wie Licht, das durch gefärbte Gläser fällt, malt jede dieser Erfahrungen Farbspuren auf die Fotoplatte. Unsere Hilflosigkeit und unser logisches Unvermögen werden parallel neben jeder neuen Erfahrung »eingeätzt«. Ist es da ein Wunder, daß fast jeder unter einem *schlechten Selbstbild* leidet und sich *minderwertig* fühlt? Wer sich aber für wertlos hält, kann weder Liebe empfangen noch geben.

Dieses (schlechte) Selbstbild endet schließlich im Archiv unseres Unterbewußtseins und bestimmt, wie wir uns in bezug auf uns selbst fühlen: SELBSTWERTGEFÜHL (siehe Abbildung 13).

Wir ver-halten uns stets unserem Selbstbildnis entsprechend und benutzen unser Verhalten wiederum, um uns selbst zu definieren. Kein Wunder, daß wir ein-gebildet genannt werden können.

Unsere Sinne sind nach außen gerichtet, und wir sehen uns selber reflektiert in den Reaktionen der Menschen unserer Umgebung. Wenn diese Menschen jedoch selber an Minderwertigkeitsgefühlen leiden, sich lieblos vorkommen und daher auf alles negativ reagieren, so addiert das Kind zu den schon vorhandenen negativen »Filtern« seiner HANDICAPS auch noch die seiner Umgebung.

Niemand lehrt das Kind INTROSPEKTION, Ein-Sicht. Dadurch würde es seinen Wert in sich selbst entdecken.

Statt dessen lassen wir uns durch unsere Außenwelt beurteilen und beeinflussen. Wir erschaffen uns selber nach ihren Vorbildern. Nach diesen *fremden* Vorlagen fertigen wir ein Selbstbild an. Das halten wir uns von nun an ständig vor Augen und sind auch noch steif und fest überzeugt, daß wir in einen Spiegel schauen.

*Wir sind gleichzeitig Täter und Opfer!*

Wieviel *Selbstwert* kann ein Kind entwickeln, das aufwächst umgeben zum Beispiel von einer irritierten und ärgerlichen Mutter, einem alkoholischen Vater oder eingebunden in eine Ehe, die sich permanent im Kriegszustand befindet?

*Wir schauen in zwei Spiegel, um unseren Selbstwert zu bestimmen, und beide sind falsch.* Der erste trägt Spuren unserer HANDICAPS als Kleinkinder. Der andere reflektiert – im schlimmsten Falle – die HANDICAPS unserer Erzieher.

Der dritte Spiegel, die INTROSPEKTION oder »Hinein-Sicht«, wird dem Kind als »Träumerei« hingestellt und bald ausgetrieben. »Ein-Sicht« jedoch signalisiert die Zahl Eins – wir sind noch ganz – wir sind noch heil.

Wer nur nach außen schaut, um herauszufinden, wer er ist, wird mit Sicherheit die Begegnung mit seinem *ursprünglichen Gesicht* verpassen.

Kinder wissen sehr wohl, was MEDITATION ist. Was immer sie gerade beschäftigt, sie tun es *absolut intensiv* und *hundertprozentig aufmerksam,* ob sie nun wild herumtoben oder scheinbar beschäftigungslos im Gras sitzen und einer Raupe zuschauen.

Wir trainieren es ihnen ab mit Bemerkungen wie: »Sei nicht so wild, gleich tust du dir wieder weh«, »Sitz da nicht so faul rum« oder »Du solltest dich lieber nützlich machen«. Wir entmutigen unsere Kinder und verhindern ihre aktiven und passiven Meditationsspiele. Statt sie in ihren Meditationen begeistert zu begleiten, drängeln wir ihnen unsere erwachsenen Notwendigkeiten auf – Erziehung oder Indoktrination?

*Absolute Wirklichkeit* existiert meines Erachtens nicht. Menschen können nur Aussagen über das machen, was *real für sie* ist. Dann aber gibt es so viele »Realitäten« wie Menschen auf dieser Erde.

Die Worte Medi-tation und Medi-zin entstammen der gleichen Wurzel: »Das, was heilt.« Wenn wir meditieren, werden wir unsere Heilung beschleunigen. Falls Sie das Buch lesen, während Sie an einer Krankheit leiden, blättern Sie bitte zum vierten Kapitel vor und machen sich mit einigen der Übungen bekannt.

## Das »innere Kind« – das Vierjährige

Das Wort Unterbewußtsein löste bei mir immer gemischte Gefühle aus. Ich plazierte es als vagen Schatten irgendwo in meinen Bauch. Dennoch konnte ich es niemals richtig erfassen, hatte es nie »im Griff« und wußte nicht so recht, mit ihm auszukommen oder es zu verstehen.

Durch die Weltanschauung der *Hopi-Indianer* wurde ich mit einem bezaubernden Konzept bekannt gemacht. Die Hopis glauben, sie tragen beständig ein *»inneres Kind«* mit sich herum. Dieses »innere Kind« ist Teil ihrer beschützenden und leitenden Kräfte, und sie sprechen beständig zu ihm.

Wann immer zum Beispiel ein Krieger eine gefährliche Mission unternehmen will, wird er sich still irgendwo hinsetzen, meditieren und dem Kind seine Pläne mitteilen. Schließlich wird er das Kind fragen, ob es mit dem Abenteuer einverstanden ist, und auf die Antwort warten. Dieses »Omen« empfängt er entweder aus seinem Inneren oder seiner Umgebung.

Von jetzt an werde ich das Unterbewußtsein ebenfalls als einen Ausdruck des »inneren Kindes« ansehen und es DAS VIERJÄHRIGE nennen.

Mittlerweile haben ich und mein Vierjähriger sich ganz gut angefreundet und sorgen füreinander!

Wir sind auf ein gutes Verhältnis mit unserem »inneren Kind« angewiesen.

Unser Bewußtsein kann nur *einen* Gedanken zugleich festhalten und erkennen. Gleichzeitig laufen jedoch hundert andere Gedankengänge in unserem Verstand ab, der INNERE DIALOG oder, wie ich auch sage, »Multilog«. *Der größte Anteil unserer gedanklichen Kapazität, wahrscheinlich mehr als 90%, bleiben somit dem Vierjährigen beziehungsweise dem Unterbewußten überlassen.*

Ein Blick auf den unteren Teil der Abbildung 14 und wir sehen, wer den Mammutanteil unserer Energien regiert.

Zu Beginn einer neuen Tätigkeit verrichten wir alle unsere Gedanken und Handlungen mit vollem Bewußtsein. Denken Sie nur an Ihre erste Fahrstunde! Mittlerweile haben wir gelernt, während des Fahrens nachzudenken, Musik zu hören, zu rauchen, uns zu unterhalten und vieles anderes mehr. Wir überlassen es total unserem »automatischen Piloten« im Unterbewußtsein, uns sicher nach Hause zu bringen.

Alle lebenswichtigen Denkvorgänge und Handlungen, wenn wir sie einmal zu beherrschen gelernt haben, landen beim unterbewußten Vierjährigen und werden von ihm *automatisch* ausgeführt.

*Unser Vierjähriger regiert damit über die Gesamtsumme unserer Überlebensstrategien.*

Es ist Ihr bester Freund. Es wird Sie niemals im Stich lassen und steht zu hundert Prozent dafür ein, daß alle Pläne, Gedanken und eingepaukten Prozeduren genauestens befolgt werden. Das Vierjährige stellt keine Fragen nach Gut und Böse, Richtig oder Falsch. Es ist sozusagen Befehlsempfänger und ausführendes Organ für unsere Wünsche und Bestrebungen.

Das Bewußtsein denkt einen Gedanken zu Ende, übt ihn ein, entscheidet über Wert und Unwert und übergibt ihn dem Vierjährigen. Das wird nicht ruhen und rasten, bis sich der Wunsch in der Wirklichkeit manifestiert hat. Um beim Beispiel des Autofahrens zu bleiben: Der bewußte Wunsch, nach Hause zu fahren, wird aufgenommen und ausgeführt.

Aber wehe dem Autofahrer, der zum Beispiel gerade seinen Job verloren und sich auch noch mit seiner Freundin zerstritten hat. Er will nach Hause, wünscht sich aber gleichzeitig aus seiner depressiven Stimmung heraus den Tod! Auch dies kann vom diensteifrigen Vierjährigen in die Tat umgesetzt werden.

Das Vierjährige wird Sie niemals im Stich lassen! *Es kann jedoch wie alle Kinder leicht manipuliert werden.*
Da jedoch 90% unserer »Software« der Kleinkinderzeit entstammen, operiert unser Vierjähriges meistens mit total überalterten Werkzeugen, Gebrauchsanweisungen, Gewohnheiten und Strategien.

Je älter wir werden, desto größer die Diskrepanz zwischen den verzweifelten Anstrengungen unseres Vierjährigen, uns beim Überleben zu helfen, und den Resultaten. Früher oder später sehen die unzeitgemäßen Anstrengungen nur noch lächerlich oder pathetisch aus. Einsetzende Panik und Versagensangst machen dann alles nur noch schlimmer, und ein bösartiger Kreislauf setzt ein. Wir fühlen uns in der Krise.

Wir haben fast alle den Kontakt mit unserem Vierjährigen verloren. Selbst wenn wir ihm neue Strategien beibringen wollten, wissen wir nicht mehr wie. Die meisten verlassen und vernachlässigen ihr »inneres Kind« um die Zeit des *Zahnwechsels,* im Alter von sechs oder sieben.

Abb. 14: Um die Zeit des Zahnwechsels lassen wir unser »inneres Kind« im Stich.

Nachdem ich meine Milchzähne schließlich losgewackelt hatte und mir die endgültigen Zähne nachwuchsen, hatte ich nur den einen Wunsch: Ich wollte so schnell wie möglich zur Welt der Erwachsenen gehören. Ich wollte die Kinderjahre mit ihren beschämenden und schmerzhaften Handicaps vergessen! Damals habe ich den Kleinen verwaisen lassen.

Von einem bestimmten Alter an versucht jeder von uns, nur noch bewußt zu leben. Wir probieren, ob wir mit diesen bewußten zehn Prozent auskommen können. Das Bewußtsein ist ein großartiger Plänemacher, und diese Phase läßt sich leicht an ihrem *Idee-alismus* erkennen: Wir wollen Astronaut, Rennfahrer, Filmstar oder Primaballerina werden.

Das Unterbewußte, unser eigentlich ausführendes Organ, hält jedoch seinen eigenen, eingefahrenen, von den Erziehern eingetrichterten Kurs.

Eine Elfjährige möchte gern Primaballerina werden. Im Laufe der Jahre hat sie jedoch mehrfach von Eltern und Kirche gehört, der Lebenswandel von Ballettänzern sei sehr unmoralisch. Außerdem will ihre Mutter, daß sie Medizin studiert. Diese Information ist in den Untergrund gegangen und wird von dort her den Kurs bestimmen. Wir können fast mit Sicherheit vorhersagen, daß sie sich ihren Herzenswunsch nicht erfüllen wird!

Wir alle haben Bekannte und Freunde die im Idee-alismus steckenbleiben. Sie schwören, ab morgen das Rauchen zu stoppen, wollen 20 Pfund in vierzehn Tagen abnehmen oder nie mehr wütend werden. Ihr Vierjähriges um Zustimmung zu bitten, kommt ihnen gar nicht erst in den Sinn. Es fühlt sich vernachlässigt und torpediert die Veränderungen.

Wenn wir einen Teil von uns verwaisen lassen und ihm unsere Liebe verweigern, wird dieser Teil ein *Eigenleben* »im Untergrund« führen.

Dieser Teil wird zu unserem SCHATTEN und führt von nun an voll Bitterkeit und Rache ein verborgenes Partisanenleben.

Dieser Schatten, der aus dem verwaisten Kind hervorwächst, liefert die Bausteine für unseren ANIMUS und unsere ANIMA.

Sie dienen als Sammelbecken für all unsere maskulinen und femininen Aspekte und Be-

strebungen, die *nicht* in unser ideales Selbstbildnis passen.

> Sie werden zu abgelegten Kleidungsstücken,
> die wir in die hinterste Ecke des Schrankes
> stopfen.

### Die Schmerz-Angst-Spirale

Abbildung 13 nennt den Stoff, mit dem die
Traumata arbeiten, *Schmerz*. Schmerzsignale
erzeugen im menschlichen Organismus Zu-
rückziehen, Spannung, Kontraktion und/
oder Spastik. Die Erwartung von Schmerz
wird zu Angst, und Angst aktiviert das Uhr-
werk unserer Überlebensmechanismen. Alle
Strategien werden in Bewegung gesetzt, um
Schmerz zu vermeiden und Lust zu suchen.

> Angst kommt aus dem Verstand und akti-
> viert ihn gleichzeitig; ist Selbststarter und
> Perpetuum mobile. Je größer der Schmerz, je
> mehr verwandelt sich die Angst in Todes-
> angst. *Angst ist immer auch Überlebensangst!*

Angst *und* Vertrauen können im Gehirn
nicht nebeneinander existieren.

> Entweder wir leben vertrauensvoll *oder* in
> Angst.

Verstand ist die Gesamtsumme all unserer
Ängste plus Strategien.

> *Der Verstand ist die Krücke, um ohne Ver-
> trauen zu überleben.*

Je mehr Schmerz/Angst uns angetan worden
ist, desto mehr werden wir »in unserem Ver-

stand leben« und aus vor-bereiteten Strategien heraus handeln. Denken ist Handeln auf
Probe, aber nie das Handeln selbst.

Das Vierjährige sorgt aber nicht nur für sein
eigenes Überleben. Falls es beispielsweise
eine dysfunktionale, alkoholsüchtige Mutter
hat, wird es auch noch für die Mutter zu sorgen versuchen. Die logische Gedankenkette
dabei ist:

> »Indem ich *sie* am Leben erhalte, sichere ich
> mein eigenes Überleben!«

Das Kleine wird dasselbe mit der *gesamten*
Familie probieren, wenn das Familiensystem
auseinanderzufallen droht.

> Versuchen wir uns einzufühlen, welchen
> Streß sich das Vierjährige zumutet! Die Auf-
> gabe, die Mutter oder die ganze Familie zu
> »retten«, ist viel zu groß. Versagen und Ent-
> täuschung sind bereits vorprogrammiert,
> und Schuld und Scham beginnen sich zu for-
> men.

Kinder aus solchen Familien werden später
immer wieder Partner auswählen und sich
eine ähnliche *familiäre* Umgebung schaffen.
Die Amerikaner nennen diesen Menschentyp
»Co-Dependent« – Co-Abhängiger. Der/
Die *Mit*abhängige wird sich einen Alkoholiker als Partner aussuchen oder den nichtalko-
holsüchtigen Partner zum Alkoholiker machen. Das Vierjährige hat die Neigung, seine
*gewohnten* Lebensumstände immer wieder
zu erschaffen.

Dieses Wissen führte zu der Erkenntnis der
Beziehungstherapeuten: »Wir kopieren einen
Elternteil und heiraten den anderen.«

Als ob es in einer Zwangsjacke steckt, wiederholt das Vierjährige in uns dieselben überholten *Gewohnheitsmuster* immer und immer wieder. Der Verstand wird zur eigenen Hölle! Das Leben erscheint als Verdammnis. Statt zu leben, werden wir gelebt und fühlen uns wie Roboter – wir verlieren das »Große Paradies«.

Das nenne ich »Robopathologie«: *Menschen werden alt, aber nicht erwachsen!* Sie leben altmodische und ausrangierte Verhaltensmuster, während ihr »Autopilot« ihren »Gehirncomputer« und alle seine Programme übernommen hat.

Die Idee-alisten versuchen nur aus ihren großartigen bewußten Plänen heraus zu leben. Die Roboter haben die Verbindung zwischen Erwachsenem und »innerem Kind« verloren und lassen sich von dessen Unterbewußtsein fernsteuern.

Keine »Computerzeit« ist mehr für Bewußtsein und bewußtes Leben übrig. Alle Programme sind mit Überlebensmechanismen besetzt.

Überleben kann zur Sucht werden. In Amerika nennt man die Leute, die von ihrer Arbeit besessen sind, »Workaholics«.

# 3. Krankheit als Wegweiser

Betrachten wir nun bitte das vierte Lebensjahr genauer, von dem wir gehört haben, es
würde *das magisch-mystische Jahr* genannt.

In diesem Alter hat das Kind sein Geburtsrecht, im Paradies zu leben, noch nicht vergessen. Eltern, Schule und Gleichaltrige –
kurz gesagt: die Gesellschaft – versuchen es
auf vorgefertigte Überlebensmuster festzule-
gen. Dagegen wehren wir uns durch Träu-
men. Wir leben in unserer eigenen Vorstel-
lungswelt und Imagination. Kinder sind
noch stets in Kontakt mit der Weisheit und
Wahrheit von Mythen und Legenden. Wir
wissen noch die geheimen Zugänge zur »anderen Wirklichkeit« und treffen unsere
Freunde, die »unsichtbaren« Spielkamera-
den: Elfen und Engel, Götter und Göttinnen,
Drachentöter und Drachen.
Wir haben den *wahren Sinn* unseres Lebens
noch nicht verloren und fühlen uns noch *eins*
mit der Natur, dem Kosmos, der Schöp-
fung.
*In Wundern leben, heißt in der Abwesenheit
von Trennung leben.*

Je höher wir, wie in Abbildung 16, dem »aufsteigenden Bogen« folgen und uns dem Erwachsensein nähern, desto mehr wird uns die
magisch-mystische Weisheit madig gemacht.

Sie wird abgetan als Kinderkram, Märchen,
Phantasiegebilde und Imagination. »Das bil-
dest du dir bloß ein!« wird uns gesagt.

Unsere magisch-mystische Wirklichkeit wird als unreal abgestempelt. Dagegen wird die dreidimensionale Realität des Überlebens dogmatisiert – als die *einzig wahre* Wirklichkeit: Arbeiten, Essen, Trinken, Defäkation, Schlafen, Fortpflanzen, einmal in der Woche in die Kirche und alle vier Jahre zur Wahl.

Unsere magisch-mystischen Qualitäten tauchen gemeinsam mit unserem Vierjährigen in den Untergrund.

Zwei fundamentale Entwicklungsphasen treffen in unserer Gesellschaft feindselig aufeinander:

1. *Die spirituelle Unschuld,* die sich hauptsächlich in der Entwicklung der rechten Gehirnhälfte manifestiert: Fühlen und Denken werden als Einheit empfunden, ungetrennt und in Kontakt mit magisch-mystischen Qualitäten des Lebens, Wissen und Schlußfolgerungen werden durch Intuition erlangt, Kunst als Ausdruck spiritueller Kraft verstanden.

Diese Entwicklung kann bis ungefähr zum siebten Lebensjahr verfolgt werden und nimmt unter dem Druck der folgenden Phase ab.

2. *Kompetenz im Denken* manifestiert sich durch die Entwicklung der linken Gehirnfunktionen: Wir lernen mit linearer Logik umgehen, Logik, Grammatik und Mathematik trainieren unser analytisch-wissenschaftliches Denken, neue Handlungen werden mit früheren Erfahrungen verglichen und an das Hier und Jetzt angepaßt. Vergleich provo-

Abb. 15: Wie wir unsere spirituelle Unschuld verlieren.

ziert Wetteifer, Wettstreit und Konkurrenz-
denken.

Wenn wir dem »aufsteigenden Bogen« in
Abbildung 16 weiter folgen, treffen wir auf
das Jahr 18. Von da an werden wir als »erwachsen« angesehen und als »angepaßt« oder
»unangepaßt« abgestempelt. Der Angepaßte
hat sich mit der Mehrheit der Gesellschaft
gleichgeschaltet. Der unangepaßte Rebell reagiert auf alles, was die Gesellschaft von ihm
will, mit dem genauen Gegenteil: ein Konser-
vativer, der auf dem Kopf steht.
Beide haben ihr eigentliches Lebensziel und

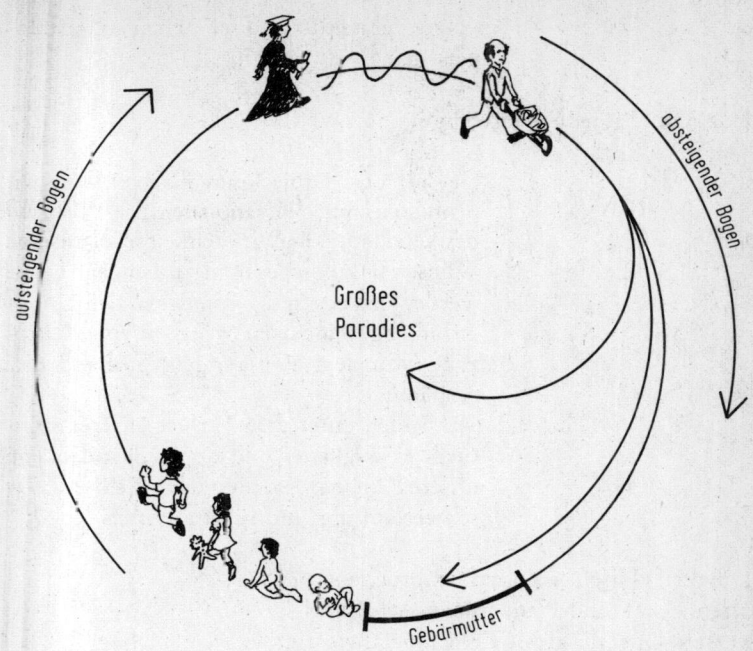

Abb. 16: Das Lebensrad.

die Verbindung mit dem Sinn ihres Lebens
verloren.

Wir versuchen in den folgenden Jahrzehnten
mit den Werkzeugen zu überleben, die uns
Schule und Er-ziehung aufgedrängt haben.
Die meisten von uns sind steuerlos und ohne
unsere eigene spirituelle Führung und Fähigkeiten.
*Wir versuchen, aus dem etwas zu machen,
was man aus uns gemacht hat.* Eine Karriere,
ein Haus, eine Familie aufzubauen, hält uns
in Atem und unter Hochspannung. Wir
wundern uns, warum so viele Dinge schief-
laufen, warum wir uns mit anderen in die

Haare geraten und unser Leben so anstrengend ist.

Jede *Krise* hat jedoch ihren Sinn und Zweck.

> Sie soll uns aufmerksam machen, daß wir probieren, mit den rationalen zehn Prozent des Verstandes die Wirklichkeit nach unseren Wünschen zu biegen und zu beugen. Dabei werden uns beständig von der in den Untergrund abgewanderten Mehrheit von 90 Prozent (von dem Vierjährigen) Stolperdrähte gespannt.
> Wir leiden unter dem Verlust unserer spirituellen Fähigkeiten und tappen über den Sinn unseres Lebens im dunkeln. Beides lastet schwer auf uns und führt zu *Streß*.

Die oft zyklischen Zusammenbrüche in unseren Leben und Plänen nenne ich LEBENSKRISEN. Über die große Krise um das vierzigste Lebensjahr ist ja unter dem Begriff »Midlife Crisis« in der Öffentlichkeit schon viel diskutiert worden. Wir alle haben wohl ein oder mehrere der folgenden vier großen Zusammenbrüche mitgemacht:

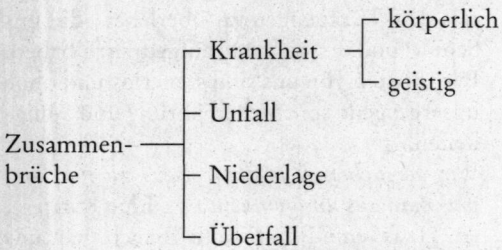

Krankheiten, Unfälle, Überfälle und Niederlagen geschehen nicht »zufällig« und ohne

56

unsere Zustimmung: *Wir wollen uns eine »zweite Chance« geben.*

Die »zweite Chance« führt uns noch einmal zurück zu der Zeit, wo wir eine Erfahrung unabgeschlossen zurücklassen mußten. Damals haben wir unserem eigenen »Wachstumsstopp« zugestimmt und einen Teil unserer Spiritualität, Intuition oder Einheit geopfert. Krankheiten, Unfälle und Niederlagen dienen als *Zeigefinger.* Sie führen uns zurück zu der Stelle im Labyrinth unserer Erfahrungen, wo wir noch einmal eine neue Richtung bestimmen dürfen.

Der *Bumerangeffekt* bringt uns gnadenlos an den Ausgangspunkt unserer Versäumnisse zurück, bis wir die Strickmuster unserer (negativen) Gewohnheiten *bewußt* sehen.

Wer sich als unschuldiges *Opfer* von Schicksalsschlägen sieht, *verneint jegliche Verantwortung* für seinen Lebensweg, sein »inneres Kind«, und damit leider auch jene »zweite Chance«, die zum Ausweg hätte werden können. Damit aber beginnt dann erst das richtige Leiden!

*Leiden ist die Anstrengung, mit der wir an unseren Irrtümern festhalten!*

Leidend sitzen wir in unserer eigenen Sackgasse und klagen die Außenwelt an. Märtyrer sind nicht heilig, lediglich ein bißchen dumm! Leidende erinnern mich an einen Cockerspaniel, den ich neulich beobachtete. Er war mit seinen Vorderpfoten auf seine eigenen Ohren getreten und jaulte jämmerlich.

Er saß in der eigenen Falle: Aus Angst umzu-
fallen, wagte er nicht die Pfoten zu heben.
Opfer, Leidender und Beschuldiger suchen
die Ursache draußen, außerhalb ihrer selbst.
Das ist *angelernt* und ver-legt die Verantwortung.

Es ist typisch für die linke Hemisphäre, nach
äußeren Ursachen zu suchen. Und – siehe da
– wer suchet, der findet! Es läßt sich immer
irgendein Täter konstruieren.

Wir alle tragen das Bakterium für Lungen-
entzündung in uns. Haben wir alle Lungen-
entzündung? Nein! Aber bei Frau X vermeh-
ren sich die Bakterien eines Tages explosionsartig. Ist das wirklich die Schuld der Bakterien?

Unfälle, Niederlagen und Krankheiten sind
eine SYMBOLSPRACHE, wie wir sie aus Träu-
men kennen. Jeder wird mittlerweile zuge-
ben, daß die Bilder unserer Träume das sym-
bolhaft ausdrücken, was wir uns im Wachzustand nicht bewußt eingestehen wollen.
*Krankheit bedient sich des Symptoms als me-
taphorische Sprache.*

Man spricht ja auch vom Krankheits-*Bild*.
Außerdem benutzt das Symptom neben Bil-
dern auch noch das *körperliche* Gefühl von
Schmerz und die *emotionelle* Energie der
Angst. Alles mächtige Mittel, um unsere
Aufmerksamkeit zu bekommen.
*Krankheit ist ein Alptraum im Wachzustand,
eine Warnung.*

Leider hören die meisten von uns nicht auf
das Flüstern ihrer inneren Stimme und be-

achten auch ihre Träume nicht. Werden aber die Warnsignale der spirituellen und der unbewußten Ebene überhört und übersehen, manifestieren sie sich auf der physischen Ebene als Symptome.

Die erste Warnung kommt mit dem Tapezierhammer. Die folgende Botschaft mit dem Schusterhammer. Wer dann noch nicht den Ernst der Lage begriffen hat, kriegt es mit dem Vorschlaghammer. Danach kommt die zerschmetternde Abrißkugel!

Kluge Menschen begreifen die Warnung spätestens, wenn sie vom Vorschlaghammer getroffen werden. Für alle Fälle rate ich Ihnen: »Vermeiden Sie die kosmische Abrißkugel!«

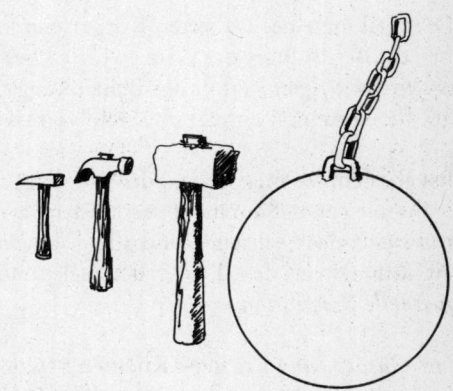

Abb. 17: Vermeiden Sie die kosmische Abrißkugel!

Die Wechselwirkung zwischen physischem Körper, Emotionen und Gehirn hat seit den fünfziger Jahren zu einer neuen Disziplin in der Heilkunde geführt, der PSYCHOSOMATISCHEN MEDIZIN.

Unsere Gehirnfunktionen steuern unser Abwehrsystem. Zu dieser Erkenntnis kam eine neue medizinische Forschungsrichtung, die PSYCHO-NEURO-IMMUNOLOGIE, der Aussprechbarkeit halber PNI genannt.

Die *dreidimensionale Psychosomatische Medizin* ist ein deutlicher Fortschritt zur *eindimensionalen kurativen Medizin.*

> Das Zusammenwirken von Körper, Emotionen und Geist schafft als übergeordnete Einheit die *Seele.*

Das macht eine *vierdimensionale Heilkunde* möglich und diese taufe ich menschliche Medizin: »Humedizin«.

»Die Heilung eines isolierten Körperteils sollte nicht versucht werden ohne die Behandlung des Ganzen (...). Dies ist der größte Irrtum unserer gegenwärtigen Zeit in der Behandlung des menschlichen Körpers, daß die Ärzte erst einmal die Seele vom Körper trennen.«     Platon

»Psychoneurose muß verstanden werden (...) als das Leiden der Seele, die ihren eigenen Sinn nicht verstanden hat. Aber alle Schöpfungskraft im Bereich des Seelischen und alle geistigen Fortschritte der Menschheit kommen aus dem Leiden der Seele, und der *Grund des Leidens ist spirituelle Stagnation.*«     C. G. Jung

*Carl Gustav Jung* hat seine Klienten bewußt nie als »krank« bezeichnet. Für ihn waren sie von ihrem spirituellen Pfad abgekommen oder hatten ihr geistiges Lebensziel aus den Augen verloren.

> Wirkliche Heilung schubst die Klienten mehr oder minder freundlich zurück auf den Weg zu ihrer eigentlichen Bestimmung. Wirkliche Gesundung öffnet die Schotten zwischen der angelernten »Tagperson«, dem »inneren

Kind« und dem »eigentlichen Selbst«. Zurück zum Ursprung!
*Unterwegs sein auf diesem Planeten, das ist das Paradies!*

Während Sie zu Ihrem eigenen Zentrum unterwegs sind, wird sich auch Ihre Außenwelt verändern und zum »großen Paradies« werden. Wahrscheinlich werden Sie dann einen Lachanfall bekommen, denn das Paradies hat die ganze Zeit genau unter Ihrer Nase auf Sie gewartet.
Die Welt hat sich nicht verändert; *Sie* haben Ihren Standpunkt verändert! (Bitte blättern Sie zurück und studieren Sie die Abbildungen 8 und 16.)

*Heilung heißt, Ihren Aus-/Einblick auf sich und die Welt zu verändern.*

Wir haben freilich die Wahl, auf der äußeren Peripherie des Kreises zu bleiben. In diesem Falle werden wir unser Leben, wie gehabt, zu Ende leben, etwa so, wie ein Gefangener seine Zeit absitzt. Für diejenigen, die nur an *ein* Leben auf dieser Erde glauben, ein kolossaler Fehlschlag.
Räumen wir die Möglichkeit für mehrere Leben, Reinkarnationen ein und bleiben auf der Peripherie des »absteigenden Bogens«, führt der Weg schnurstracks in die nächste Gebärmutter. Ein *Bumerangeffekt* auf der nächsthöheren Ebene: Alle ungelösten Probleme werden im folgenden Leben mit Sicherheit wieder aufgetischt.

Die Lösung von allerlei sekundären Problemen bringt stets noch nicht die *endgültige*

*Heilung.* Der Weg aus dem Wirrwarr *aller* Probleme ist der große Schritt ins Zentrum des Kreises, ins »große Paradies«, wenn wir unser menschliches Potential vollständig ausschöpfen: *Erleuchtung*.

## 4. Psychosomatische Ursachenfindung

Die *menschliche Gehirnzelle* ist mit einem *Computerchip* zu vergleichen. Ein Chip speichert Informationen als *Fakten* beziehungsweise Tatsachen und führt mit ihnen *Prozesse* durch. So ist zum Beispiel der Preis von einem Pfund Wurst ein Fakt, ihn unter »Haushaltsausgaben« abzubuchen ein Prozeß.

Die menschliche Gehirnzelle hat jedoch noch eine weitere wichtige Eigenschaft: Neben jedem Fakt und Prozeß speichert sie die dazugehörende *Emotion!*

E-motion kommt aus dem lateinischen »ex movere« und läßt sich am besten übersetzen mit »sich herausbewegen«.

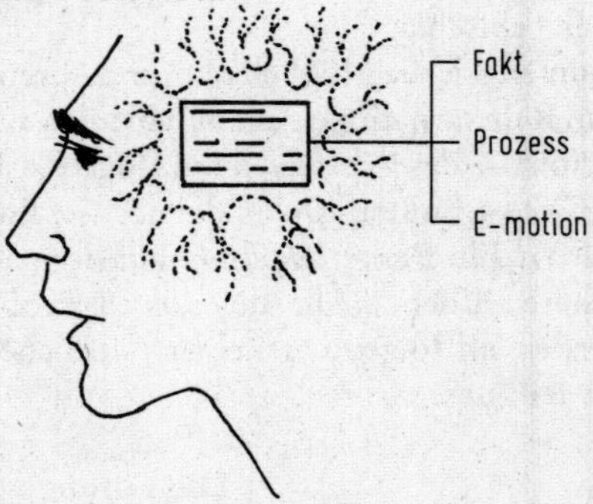

Abb. 18: »Computerchip« Gehirnzelle.

Wenn der menschliche »Computer« denkt, wird mit jedem Fakt und Prozeß auch gleich eine Emotion aktiviert. Was immer auf der Ebene des *Verstandes* passiert, wird seine Widerspiegelung auf der *e-motionalen Ebene* finden und sich dann auf die *körperliche Ebene* über-setzen.

Das wichtigste Credo des *Imagineering:*
*Denken beeinflußt die Physiologie.*

Auf diese Weise bringen wir ständig die Vergangenheit in unsere Gegenwart und erschaffen »unsere eigene Realität« – wo immer wir auch sein mögen und wer immer uns umgibt.

Wir unterhalten einen konstanten Fluß von Verstand-Körper-Kreisläufen mit Hilfe unseres emotionalen Systems, der Nerven und Hormone. Wir regeln die Spannung, beziehungsweise den Tonus in jedem unserer Organsysteme (wie Nerven, Kreislauf, Verdauung, Bewegung, Fortpflanzung etc.) mit Hilfe unseres »emotionalen Thermostats«.

KONVERSION nennt man die Kraft einer Emotion, ein körperliches Symptom zuwege zu bringen. Schon 1917 wurde dieses Prinzip von dem Psychoanalytiker und Freud-Bewunderer *Groddeck* beschrieben. Dies war die Geburtsstunde der PSYCHOSOMATISCHEN MEDIZIN.
Somatische Symptome sprechen in einer eigens entwickelten »Körpersprache«. Wir führen mit unserem Körper unser eingebautes System der Wahrheitsfindung ständig mit uns!

Eine Frau Mitte Zwanzig kam in meine Sprechstunde und klagte über chronische Nackenschmerzen. Ärzte, physikalische Therapie und Massagen hatten bisher nicht helfen können. Um ihre Körperstruktur besser lesen zu können, stellte ich sie vor den Spiegel und sah sogleich, daß ihre linke Schulter fast drei Zentimeter höher stand. Sie selbst hatte es nie bemerkt. Sie konnte die Schulter auch nicht willentlich senken. »Als ob meine Schulter festgefroren sei«, war ihr Kommentar.

Ich bat sie, die Situation noch weiter zu übertreiben und die Schulter noch höher zu ziehen. »Laß Erinnerungen hochkommen, in denen eine solche Bewegung adäquat war«, sagte ich ihr. Plötzlich strömten Tränen über ihre Wangen, und sie teilte mir schluchzend mit, sie sähe wie ihr Vater – ein Rechtshänder – sie schlägt: »Ich versuche meine linke Schulter hochzuziehen, um mein Gesicht zu schützen!«

Das war 15 Jahre her! Damals hatte sie »gelernt«, für die Angriffe seitens ihres Vaters gewappnet zu sein. Die linke Schulter wurde zur Rüstung und Teil ihrer Abwehr-Strategie. Die Strategie ging schließlich in den Untergrund; sie hatte *vergessen*, den Alarm abzustellen.

Falls Sie jetzt schon einen unüberwindlichen Drang spüren, Ihr »inneres Kind« kennenzulernen, blättern Sie bitte vor zu dem Kapitel »Die ›alchimistische‹ Heilung« auf Seite 175.

*Strategien* bestehen meistens aus mehreren »Chips«, die hintereinander geschaltet sind. Die »Starter-Emotion« löst eine *Kettenreak-*

*tion* von Verhaltensweisen aus, die ihrerseits andere Ketten anstößt.

Wer den Alarm nie abstellen kann, gleicht einer Lokomotive unter ständigem Volldampf.

STRESS definieren wir als *Antwort auf eine körperliche Anforderung.* Streß in sich selbst ist also noch nichts Schlechtes, wird aber im täglichen Gebrauch mißverständlich im negativen Sinne verwendet.
*Erst fortdauernder, endloser Streß verwandelt sich in* DIS-STRESS (engl.: distress = Qual, Schmerz, Leid) *und manifestiert sich – via Konversion – in Krankheit.*
*Endlose* Verstand-Körper-Kreisläufe ermüden und erschöpfen die körperlichen Gewebe und Organe und sind verantwortlich für ständigen Energieverlust.

Bitte stellen Sie sich einmal bildhaft vor, wie sich die Räder Ihres Verstandes mit jeder neuen Strategie wie ein Karussell schneller und schneller drehen.
Schließlich belegt der Verstand – eigentlich nur *eines* von vielen »Softwareprogrammen« – Ihre *gesamte* Gehirnkapazität und alle »Rechenzeit«.

Die komplexen Zusammenhänge in der Psychosomatischen Medizin, unter anderem, warum bei einer bestimmten Persönlichkeitsstruktur ein bestimmtes Organ erkrankt (Organwahl), werden in einem folgenden Buch behandelt. Sie würden den Rahmen dieser Ausgabe sprengen.

# Wege zur Heilung

## 1. Der Aufbau des Gehirns

Wer die Worte »Verstand« und »Gehirn« synonym gebraucht, verwirrt sich und andere.

Das Gehirn ist der »Computer«. Der Verstand *eines* von vielen »Programmen«. Das Gehirn ist ein Ding, der Verstand nicht. Der Verstand ist ein Prozeß, der nur so lange am Leben gehalten wird, wie Gedankengänge, die mit *Überlebens-Problemen* zu tun haben, andere Gedankengänge anstoßen, die ihrerseits mit Überleben zu tun haben.
*Verstand ist ein Prozeß, der sich selbst am Leben erhält.*

*Beispiel:* Elektronen kreisen um ihren Kern und schaffen das Atom und den Raum, den es einnimmt. Ähnlich kreisen die Gedanken des Verstandes um den Kern des Überlebens und nehmen Platz ein. Ihre fortwährende Bewegung schafft eine eigene, getrennte Wirklichkeit.
Das Gehirn könnte viele andere »Programme« laufen lassen, wie beispielsweise Glück, Entspannung, Liebe, Ekstase, kosmisches Bewußtsein. Der Punkt ist, daß nur *ein* »Programm« eingeschaltet werden kann. Dazu müßte das Überlebensprogramm »Verstand« abgeschaltet werden. Wir können ent-

weder lieben *oder* fürchten, ge-spannt sein *oder* ent-spannt, in Un-Glück *oder* Ekstase.

Machen wir uns kurz mit der Anatomie des Gehirns und seinen Funktionen bekannt:

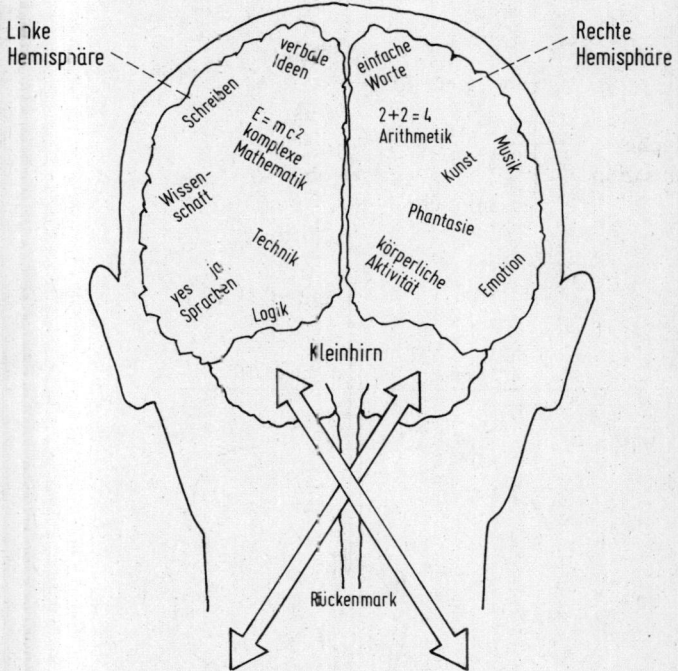

Abb. 19 Rechte und linke Hälfte des Großhirns mit ihren unterschiedlichen Funktionen. Die elektrischen Impulse kreuzen zur jeweils entgegengesetzten Körperseite.

Wenn wir von hinten in den geöffneten Kopf hineinschauen, sehen wir oben die linke und rechte Hemisphäre des Großhirns, Neo-Cortex genannt. Darunter folgt das Kleinhirn und darunter das Rückenmark.

Das Gehirn läßt sich am besten verstehen, wenn wir es in zwei Ebenen betrachten: *Waagerecht* unterscheiden wir rechte und linke Gehirnhälfte, und gleichzeitig finden wir eine *senkrechte* Hierarchie von oben nach unten vor. Die unteren Teile sind dabei entwicklungsgeschichtlich früher entstanden.

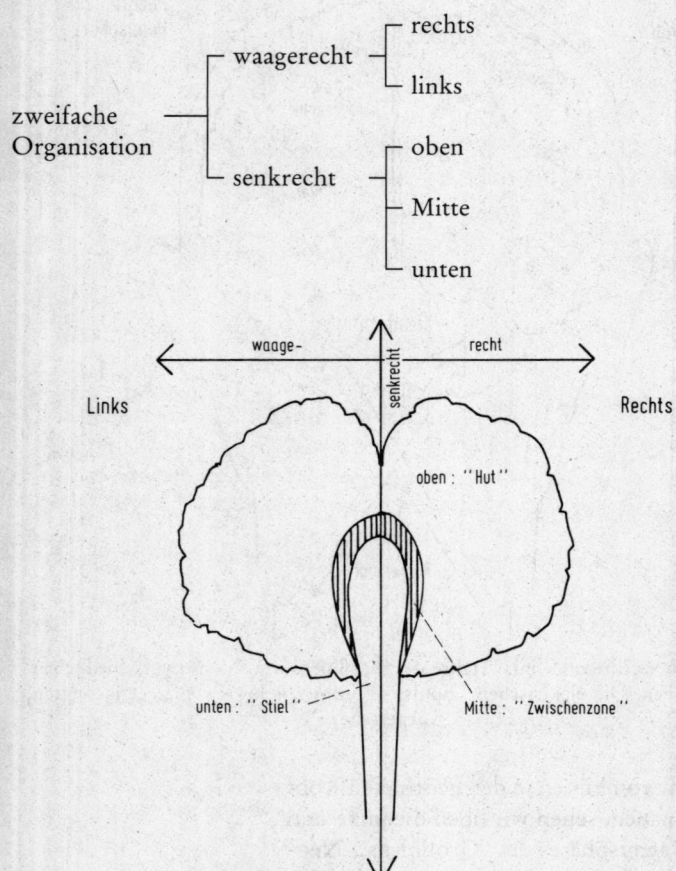

Abb. 20: Die zwei Ebenen des Gehirns.

## Rechte und linke Hemisphäre

Beide Gehirnhälften können prinzipiell die gleichen Funktionen ausführen und sind bis zum zweiten Lebensjahr sogar noch unpolarisiert. Im täglichen Gebrauch bildet sich jedoch eine deutliche *Spezialisierung* heraus.

Die *rechte Hemisphäre* repräsentiert hauptsächlich künstlerische Funktionen wie die Bewunderung für Musik und bildende Künste, Raumgefühl und bildliche Phantasie. Außerdem beherbergt sie unsere starken Emotionen wie Ärger und Wut. (Entgegen dem Wunschdenken der meisten humanistischen Psychologen, die alles Positive im rechten Gehirn angesiedelt sehen wollen.)

Die Nervenimpulse der rechten Hemisphäre kreuzen über zur linken Seite des Körpers.

> *Faustregeln:*
> »Alles, was dem *Herzen* lieb und teuer ist.«
> »Versucht die *Ganzheit* in den Teilen zu erkennen: Gestalt-Denken.«
> »Aktivitäten mit *weiblichen* (yin) Merkmalen.«

Die *linke Hemisphäre* ist dominierend in allen logischen Disziplinen, wie höhere Mathematik und Sprachen. (Wird beim Erwachsenen die linke Gehirnhälfte zerstört, verliert er sein gesamtes Sprachvermögen und muß erst die rechte Gehirnhälfte trainieren, um es zurückzugewinnen.) Gefühle von Zufriedenheit und Glück sind in der linken Hemisphäre zu Hause. (Ein Baby lächelt mit der linken Gehirnhälfte.)

Die Nervenimpulse der linken Hemisphäre kreuzen über zur rechten Körperseite.

*Faustregeln:*

»Alles, was *kopflastig* ist.«

»Versucht mit Hilfe von *Analyse* Dinge zu zer-legen: sezieren.«

»Aktivitäten mit *männlichen* (yang) Merk-malen.«

Bei *Linkshändern* ist alles anders. Es gibt drei Typen: Bei der ersten Gruppe sind die Polarisationen der Hemisphären genau umgekehrt, beim zweiten Typ sind die Hemisphären wie beim Rechtshänder, und in der dritten Gruppe sind Mathematik- und Kunstverständnis über beide Hemisphären verteilt. Sprache ist die Domäne der linken Gehirnhälfte. Ein interessantes Phänomen kann auftreten, wenn wir eine zweite Sprache erlernen. Die neue Sprache kann entweder die alte aus der linken in die rechte Hemisphäre verdrängen oder sich von Anfang an in der rechten Gehirnhälfte ansiedeln.

Dieses Buch habe ich ursprünglich innerhalb von 12 Tagen in Englisch geschrieben. An der deutschen Übersetzung laborierte ich mehr als drei Monate. Mein Englisch lernte ich mehr im täglichen Leben als auf dem Gymnasium, und so siedelte sich die zweite Sprache in der rechten Hemisphäre an.

## Stiel, Zwischenzone und Hut

Aus der Vertikalen betrachtet, gleicht der Gehirnaufbau einem Champignon. Dem *Stiel,* als unterster und ältester Anteil, folgt eine *Zwischenzone* oder Membran, die ihn mit dem *Hut* verbindet, der sich als letztes entwickelt hat.

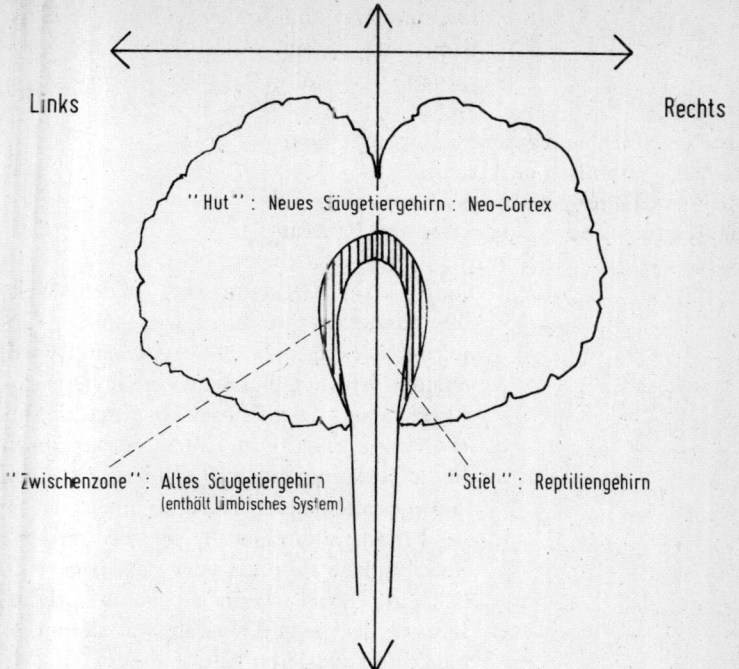

Abb. 21: Die Entwicklung des menschlichen Gehirns.

## Der Stiel: Das Reptiliengehirn

Unsere untersten Gehirnstrukturen finden sich bereits bei den Krokodilen, Eidechsen und Schlangen. Wir Menschen haben somit das Erbe des Reptilienzeitalters mit überliefert bekommen: Jagen, Territorium verteidigen, Werben, Freien, Nisten und Aufbau von Familie, Gruppen und sozialem Gefüge.

Der unterste und früheste Gehirnanteil ist damit Sitz unserer *instinktiven Verhaltensweisen.*

Sehr vereinfachend gesehen, läßt sich Freuds *Es* hier anatomisch ansiedeln.
Große Bedeutung für unser *Imagineering* hat ein Teil dieses Stiels, die FORMATIO RETICULARIS.

Die FORMATIO RETICULARIS ist der »Wecker« für unser Großhirn. Wenn dieser Gehirnanteil experimentell ausgeschaltet wird, versinkt unser Gehirn in einen »Dornröschenschlaf«. Die FORMATIO RETICULARIS ist unser »Fräulein vom Amt«: Sie verstöpselt die hereinkommenden und hinausgehenden Impulse miteinander. Darüber hinaus hat sie die Entscheidungsgewalt, *welche* und *wie viele* Impulse sie rein- oder rauslassen will. Ob und wieviel ich mich psychisch verändern werde, hängt davon ab, was sie durchs Schaltbrett passieren läßt.

Die Charaktereigenschaften »extrovertiert« und »introvertiert« werden von der FORMATIO RETICULARIS her bestimmt. Personen mit extrovertiertem Charakter lassen nichts durch ihr Schaltbrett *herein*, sie haben ein »Brett vorm Kopf«.
Veränderungen unserer physiologischen Funktionen, zum Beispiel von Krankheit zur Gesundung, beginnen hier.

Die Anatomen nennen diese Region das LIM-
BISCHE SYSTEM. Es hält unser gesamtes Kör-
persystem im *Gleichgewicht*.

Das LIMBISCHE SYSTEM ist die »Waage« oder
der »zentrale Thermostat« unseres Körpers.

Von hier aus werden das *autonome Nerven-
system* gesteuert und unsere *inneren Funktionen,* wie Verdauung, Blutdruck, Entgiftung
in Nieren und Leber etc., geregelt.
Die Gleichsetzung des LIMBISCHEN SYSTEMS
mit Freuds *Ego* wäre ein bißchen zu simplifi-
zierend, kann uns aber als Erinnerungshilfe
dienlich sein, da unser *Ego* ja bestrebt ist, unsere *alltäglichen Überlebensfunktionen* zu
regeln und zu integrieren. Das *Ego* kennt sich
fast nur in unserer dreidimensionalen Wirklichkeit aus, zu denen es durch unsere fünf
Sinne Zugang hat.

Am besten karikiert wurde unser *Ego* bisher
in dem Film »Star Wars« durch den süßen
kleinen Computer R2/D2. Wie ein Staub-
sauger auf Rädern rollte er geschäftig hin
und her.

Hunger und Durst werden im LIMBISCHEN
SYSTEM genauso registriert wie Freude und
Trauer und verbreiten sich von hier aus über
den ganzen Körper. Die *Stimmungslage* des
Organismus wird hier bestimmt; es ist sozu-
sagen unser »Wettermacher«.
Im LIMBISCHEN SYSTEM sind körperliche
Funktionen in *Gegensatzpaaren* angeordnet,
zwischen denen sie wie ein Pendel von einem
Extrem zum anderen schwingen:

Schmerz – Freude
Spannung – Entspannung
Kämpfen – Flüchten

Es versucht diese gegensätzlichen Pole wie
ein Thermostat mit Hilfe von Regelkreisen
ständig ins Gleichgewicht zu bringen.

Eine Eigenheit des LIMBISCHEN SYSTEMS
kann sehr lästig sein: Einer der Pole kann
lange Zeit isoliert weiterbestehen, während
die eigentliche Ursache längst verschwunden
ist: »Berufsmäßige Opfer« verharren auf der
Polarität »Schmerz«, streßgeplagte Persön-
lichkeiten sind bei den Polen »Spannung und
Kämpfen« steckengeblieben.

Das LIMBISCHE SYSTEM hat eine Schwach-
stelle: Seine Regelkreise werden gleichzeitig
von der untergeordneten *Formatio Reticularis* und vom übergeordneten *Großhirn* mit
Impulsen bombardiert. »So kann es passieren, daß der »Thermostat« auf einem Pol
hängenbleibt und *pathologische Regelkreise*
produziert:

Also, zum Beispiel wenn ein Thermostat auf
»Hitze« gestellt ist, sich aber nicht abschaltet,
sondern mehr Hitze anfordert und produziert. Denken Sie auch an einen Eisenbahn-
waggon, der sich am Berg von der Lokomotive abkuppelt und wegrollt.

## Der Hut: Die »Denkmütze«

Vor der Ankunft des Homo sapiens hat das
Säugetiergehirn noch einmal einen mächtigen
Evolutionssprung getan: Die *graue Gehirn-*

*substanz* hat sich explosionsartig vermehrt.
Die Wissenschaftler sprechen vom NEO-
CORTEX.

> Wie der Hut eines Champignons wölbt sich
> die menschliche Großhirnrinde mit ihren
> grauen Zellen über die älteren Anteile. Die
> Amerikaner nennen daher den NEO-CORTEX
> auch scherzhaft »die Denkmütze«.

Freud würde sein *Über-Ich* sicherlich in der
grauen Substanz ansiedeln.

*Schlußfolgerung:* Das menschliche Gehirn ist in der Vertikalen drei Gehirne: der untere Anteil aus der Reptilienzeit, die mittlere Ebene das
alte Säugetiergehirn, gefolgt vom Großhirn des Homo sapiens. Jedes
Gehirn überlagert das geschichtlich nächstfolgende in einer hierarchi-
schen Schneckenhausspirale: Gehirn windet sich um Gehirn.
Jeder der »drei Computer« hat seine eigene Subjektivität, seine eigene
Intelligenz, sein eigenes Gefühl von Raum und Zeit, seine eigene Erinnerung und seine eigenen spezifischen Bewegungsabläufe. Das verti-
kale Gehirn ist hierarchisch organisiert, das heißt, jeder Anteil drückt
seine Möglichkeiten auf der niedrigeren Ebene für die nächsthöhere aus
und dient ihr somit.
Der Neo-Cortex ist auf der Horizontalen deutlich polarisiert in rechte
und linke Hemisphäre. Es wird angenommen, daß das auch für das
Limbische System zutrifft. Somit ist das Gehirn, aus der Waagerechten
betrachtet, in Wirklichkeit vier Gehirne.
*Wenn wir rechts und links in die drei Vertikalen integrieren, so daß sich
alle sieben Anteile die Waage halten (durch Meditation, Imagineering
etc.), schafft diese Synthese die mystische vierte Dimension:*
ERLEUCHTUNG!

Manche Autoren gehen bereits davon aus,
daß auch das *Limbische System* in linke und
rechte Hälfte unterteilt ist. Sie sehen die beiden Hemisphären des *Neo-Cortex* mit den
beiden Anteilen des *Limbischen Systems* als
Einheit und haben bewiesen, daß jeder ein-

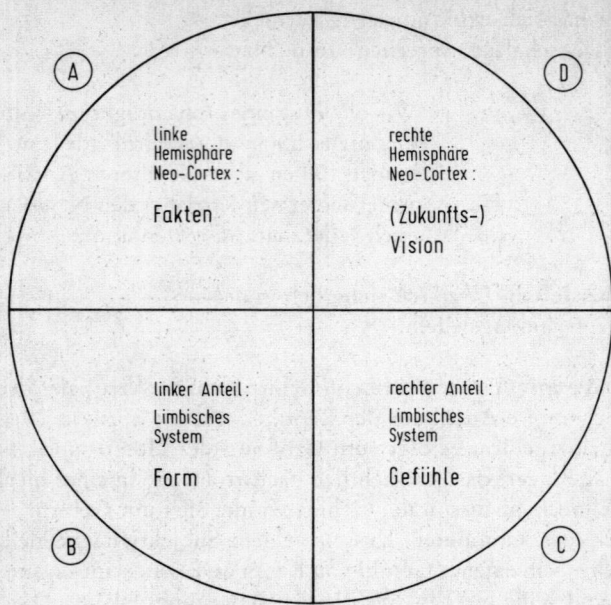

Abb. 22: Die »Quadrophonie« des Gehirns.

zelne der vier Anteile für ein spezifisches
Verhaltensprogramm verantwortlich ist.

> Unser Verhalten steht sozusagen auf vier Bei-
> nen!
> Je nachdem auf welchem der Beine wir uns zu
> stehen angewöhnt haben (unser Stand-
> punkt), kristallieren sich vier hauptsächliche
> Charaktere heraus.

Leben Sie beispielsweise nur im Segment A
oder nur im Segment C, fühlen Sie sich zu
Recht inkomplett, beschränkt und unfrei.

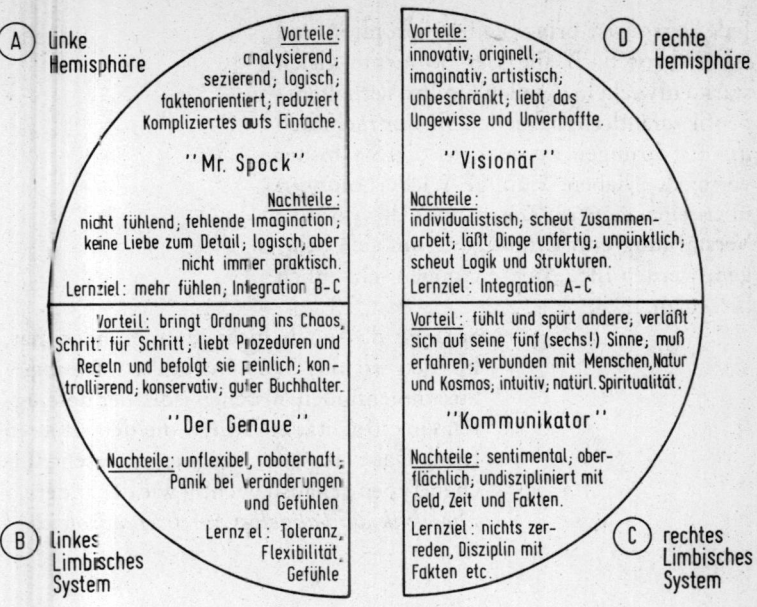

Abb. 23: Persönlichkeitsprofile.

Ihr größtes Abenteuer: die weißen Flecke auf der Landkarte Ihrer eigenen Möglichkeiten zu erforschen und auszufüllen! Neuland erobern macht uns fürchten. Hier beweist sich Ihr wirklicher Mut!

Viele Jahre habe ich mich lediglich als Arzt gesehen, für den sich Wissenschaft und Metaphysik überhaupt nicht mischten. Nur *sehr* zögernd habe ich die Tatsache akzeptiert, daß ich auch das Zeug zum Schriftsteller, Philosophen und Mystiker in mir habe.

Jede Person ist prinzipiell quadrophon und kann theoretisch alle vier Segmente gleich stark entwickeln. Wollen Sie Ihr Verhaltensprofil verändern, brauchen Sie nur mehrfach *die* Erfahrungen zu suchen, die Sie bisher vermieden haben. Häufige Wiederholungen über eine längere Zeitspanne, die positive Verstärkung und Ermutigung mit sich bringen, werden Ihre Anstrengungen schließlich belohnen.

Solange das noch nicht stattgefunden hat, können wir uns in *Teams* und *Beziehungen* zusammenfinden, in denen jeder der Beteiligten eine Qualität einbringt, die den anderen fehlt. Dabei ist jeder der vier unterschiedlichen Typen genauso wichtig wie der andere. *Dialektik wird abgelöst durch Quadrolektik!*


## 2. Das Gehirn als Hologramm

### *Die Funktionsweise des Gehirns*

Seit den vierziger und fünfziger Jahren betrachtet die Wissenschaft unser Gehirn als einen »bioelektrischen Computer«. Unsere »biologischen Chips« sind die grauen Gehirnzellen. Industriell gefertigte Chips können Fakten und Prozesse speichern.

Unser menschlicher Computerchip hat jedoch noch eine weitere Eigenschaft: Parallel zu jedem Fakt und Prozeß wird auch noch ein *Gefühl* gespeichert.

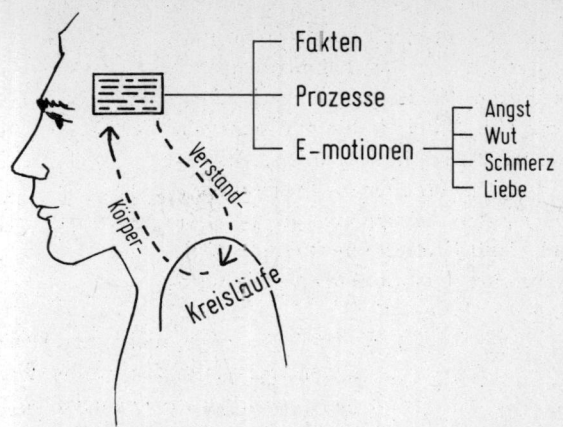

Abb. 24: »Computergehirn« und Regelkreise.

Das Computergehirn produziert bioelektri-
sche Impulse und sendet sie über speziali-
sierte Leitungsbahnen, die *Nerven,* zu den
Organen. Diese senden Impulse zurück ans
Gehirn, und so ergibt sich ein BIOELEKTRI-
SCHER REGELKREIS.

Seit den sechziger Jahren wissen wir, daß unser Gehirn auch die größte und wichtigste
*biochemische Drüse* unseres Körpers ist.
Die Gehirnzellen produzieren eine Vielzahl
von Signalstoffen: *Hormone.* Die Zelle entläßt sie ins umliegende Gewebe, wo sie entweder eine *lokale Wirkung* auf andere Gehirnzellen ausüben und/oder in den Blutkreislauf absorbiert werden, um an die peri-
pheren Zielgewebe transportiert zu werden.

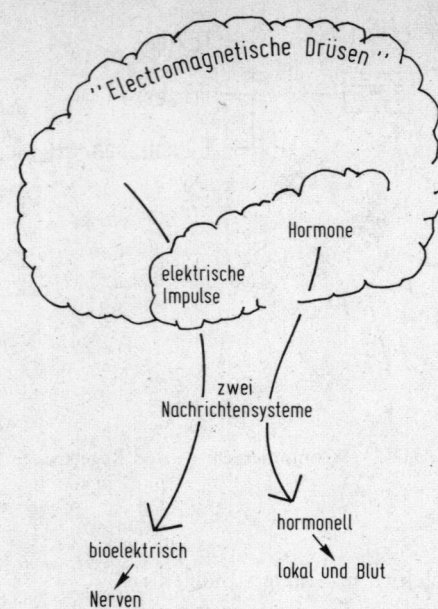

Abb. 25: Unser Gehirn ist eine »elektromagnetische Drüse«.

Ist das Zielgewebe in der Peripherie seinerseits ein Drüsengewebe, dann stimuliert das primäre Hormon dort die Produktion von sekundären Hormonen. Die untergeordneten Drüsen wiederum melden ihre Aktivitäten durch Regelkreise zurück an die hierarchisch höheren Drüsen im Gehirn. So funktioniert der BIOCHEMISCHE REGELKREIS.

> Wer in der Disco jemals seinem »Traumpartner« begegnet ist und seine Säfte fließen fühlte, weiß, was ich meine.

Die elektrischen Impulse des Computergehirns stimulieren und beeinflussen die Hormonproduktion des Drüsengehirns, während die hormonellen Signalstoffe auf unsere bioelektrische Datenverarbeitung einwirken. Eine Domäne beeinflußt die andere.

Bleiben wir beim Beispiel der Disco: Ihr Auge »fällt« auf *ihn,* d. h. Ihre Augen senden elektrische Signale zu Gehirn und Hirnanhangdrüse. Die entläßt Hormone in ihre Umgebung und stimuliert als erstes die eigenen Gehirnzellen und dann, über den Blutkreislauf, Ihre Nebennieren und Sexualorgane. Diese süße »Intoxikation« nennt man auch *Verliebtheit.*

### Funktionsweise des Hologramms

In der guten alten *Photographie* wird natürliches Licht durch eine Linse konzentriert und von einem Film aufgefangen.

Es entsteht ein *zweidimensionales, verkleinertes Bild,* das auf dem Kopf steht.

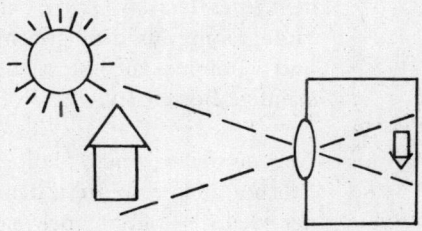

Abb. 26: Eine Linse konzentriert Sonnenlicht und entwirft ein verkleinertes Bild, das auf dem Kopf steht – die Photographie.

Bei einem Hologramm wird statt natürlichen Lichts ein Laserstrahl verwendet. Statt einer Linse gebrauchen wir ein Prisma. Dieses spaltet den Laserstrahl in zwei Hälften. Strahl A fällt direkt auf die Platte, Strahl B erst auf das Objekt und von da auf die Platte. Die Interferenz beider Strahlenhälften miteinander wird aufgezeichnet, wenn sie wieder zusammentreffen.

Es entsteht eine *dreidimensionale aufrechte Abbildung* des Objekts.

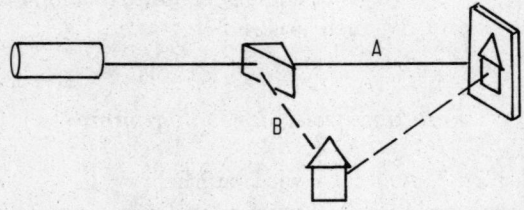

Abb. 27: Ein Laserstrahl wird aufgespalten; A fällt direkt auf die Platte, B auf das Objekt und interferiert dann mit A. Es ergibt sich ein dreidimensionales, aufrechtes Bild – das Hologramm.

Bei der Wiedervereinigung sind die beiden Strahlenhälften wieder in leb-hafte Beziehung miteinander getreten. Diese Inter-Aktion wird in einem 3-D-Bild festgehalten, *in dem jedes Teil das Ganze enthält!*
Hologramm aus dem griechischen »holos« und »gramma« übersetzt, bedeutet: »Vollständige Botschaft«.

Angenommen, mein holografisches Bild fällt hin und zersplittert, dann enthält selbst der kleinste Splitter noch eine vollständige Abbildung, lediglich unschärfer als das Original.

Abb. 28: Selbst in einem zersplitterten Hologramm enthalten die Teile stets das Ganze.

Ein Hologramm zeichnet eine »lebendige Beziehung« auf. Eine Fotoplatte enthält lediglich eingefangenes Licht, ein Hologramm aber eingefangene Interferenz.
Jede Gehirnzelle ist solch ein Hologramm!
*Jede einzelne Denkzelle repräsentiert die Arbeitsprinzipien seines Organs.*
*Milliarden von Gehirnzellen schaffen ein noch komplexeres Hologramm, unser Gehirn.*
*Unser Gehirn steht in Wechselwirkung mit dem Hologramm unseres Planeten Erde. Die Erde wiederum repräsentiert die Prinzipien und Gesetze des kosmischen Hologramms.*
*Unser Kosmos wiederum…!*

Aber nicht nur unsere grauen *Gehirnzellen* sind Miniaturhologramme.
Jede einzelne *Körperzelle* hat Intelligenz von

ungeahnten Ausmaßen in ihrer DNS gespeichert und vermag auf komplexe Probleme zu reagieren. Jede Zelle handelt intelligent. Sie *sendet* und *empfängt* Informationen von der Zentrale und weiß, wie es um den Gesamtorganismus bestellt ist. Jede Körperzelle ist ein kleines Hologramm!

Das menschliche Gehirn denkt in holografischen Bildern.

Erinnern wir uns daran, daß der menschliche Biochip neben Fakten und Prozessen auch Emotionen aufzeichnet. Emotionen interferieren mit Informationen und färben sie emotionell ein. Die simplen Strichmännchen der Fakten und Prozesse werden mit Hilfe der emotionellen Töne, Farben und Schattierungen in holografische Gemälde verwandelt.

So entsteht *Subjektivität*. Zwei Personen, die denselben Vorfall beobachten, zeichnen ihn völlig verschieden auf.

Der wissenschaftliche Name für eine gallertige Substanz ist KOLLOID. Dies ist eine wundersame Form von Materie, denn sie kann dazu provoziert werden, sowohl ihre *Konfiguration* als auch die *Flußrichtung* ihrer Moleküle zu verändern.

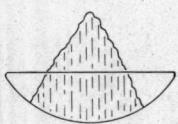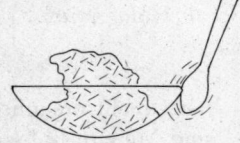

Abb. 29: Das Kolloid verändert seine Konfiguration und seine Flußrichtung.

Stellen Sie sich vor, eine Schale enthalte Wakkelpudding, dessen Molekülketten alle in dieselbe Richtung weisen. Jetzt schlagen Sie die Schale an, und... plötzlich verändern die Molekülketten ihre *Flußrichtung* und damit die *Konfiguration* Ihres Nachtischs.

Ausgelöst durch starke Sinneseindrücke oder Emotionen, können Nervenimpulse und Hormone die molekulare *Konfiguration* unserer Gehirnzellen und den *Fluß* der jeweiligen Softwareprogramme beeinflussen.

Den einen Moment sind Sie verliebt und im siebten Himmel, dann macht die geliebte Person eine irritierende Bemerkung, und mit Donnergrollen kommt das »Alltagsprogramm Verstand« zurück.

Machen wir noch einmal deutlich: Das Gehirn ist nicht der Verstand, der Verstand sind nicht die Gedanken. Ich definiere *Verstand* als unser »alltägliches Überlebensprogramm«.
Wenn unser Gehirn das »alltägliche Überlebensprogramm« laufen läßt, wird mit Sicherheit das Hormon *Adrenalin* freigesetzt. Es löst in unserem Organismus zwei scheinbar entgegengesetzte Re-Aktionen aus: *Kämpfen* oder *Flüchten*. In beiden Fällen schaltet der Körper jedoch auf »höchste Alarmstufe«.

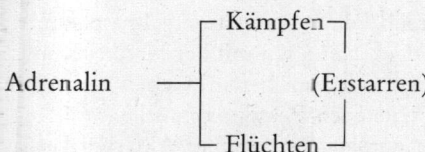

85

Am schlimmsten sind diejenigen dran, die keinem der beiden Impulse, Flucht oder Kampf, nachgeben wollen und sich statt dessen paralysieren, beziehungsweise »schocktieffrieren«!

Das sind die Leute, die bei Gefahr Bremse und Gaspedal zugleich treten, eben in Panik ausbrechen.

Erfolg oder Mißerfolg von Flucht oder Kampf bescheren uns *Vergnügen* oder *Schmerz*. Es ist schmerzvoll, erwischt zu werden, und eine Freude davonzukommen. Im *Liebesspiel* ist es genau umgekehrt. Doch wird auch die sexuelle Paarung hauptsächlich durch Adrenalin gesteuert: Das Herz pocht, die Blutgefäße in Haut und Geschlechtsorganen sind weit geöffnet, wir atmen heftig.

Alle Re-Aktionen zu unseren Überlebensprogrammen sind vergänglich und kurzdauernd. So kann Zufriedenheit auch nur *vorübergehend* erreicht werden, denn das Pendel schwingt wieder zurück.

### Bedeutung der Endorphinproduktion

In seltenen und speziellen Momenten jedoch schweigt der Verstand:

Immer dann, wenn wir entweder besonders *passiv* oder besonders *aktiv* sind.

Während der Meditation, Entspannung, Tiefschlaf, wenn wir mit der Natur kommunizieren oder in tiefem Gebet versunken sind, entstehen Phasen von Stille.
Wenn wir uns in extremer Aktivität verlie-

ren, beim Ausüben eines Hobbys oder einer Sportart, bemerken wir oft: Unser Verstand hat uns für einige Zeit gar nicht dreingeredet!

Dann laufen plötzlich neue und ungewohnte Programme in unserem Gehirn ab; wir haben unbemerkt und unbeabsichtigt Konfiguration und Flußrichtung geändert, und ein *Domänenumschwung* findet statt.

In solch lichten Momenten haben wir unseren Alltagsverstand so lange anzuhalten vermocht, daß unser Gehirn die Chance bekam, ein Hormon mit dem Namen ENDORPHIN zu produzieren.

Die Hormone der Endorphingruppe erzeugen in uns *Schmerzlosigkeit, Glück* und *Ekstase.*

Der Name »Endorphin« bedeutet »körpereigenes Morphin«.

*Gut ist:* Jeder von uns hat die Fähigkeit, seine eigenen Endomorphine zu produzieren. Das macht uns unabhängig von Drogen, Pillen oder der Nadel!
*Schlecht ist:* Fast niemand läßt sich genügend Zeit und wagt seine Überlebensprogramme so lange in Leerlauf zu schalten, bis die Endorphine sich gebildet und in Umlauf gesetzt haben. Die Angst des Yogi vor der Schaltpause!

Schuld daran ist der *Verstand* selber. Der hat uns glauben gemacht, daß wir ohne ihn nicht auskommen können.

Selbst der Versuch, so sagt er, würde in Schrecken und Tod enden. Hier berühren sich *Verstand* und *Ego* und benutzen dieselbe Taktik. Erst wird ein drohendes Gerücht fabriziert (»Wehe, wenn du ohne mich versuchst...!«), und dann unterhält es sich selbst wie ein Perpetuum mobile. Und so haben wir uns selbst in unsere eigene Selbstbeschränkung hineingeredet; wir haben uns selbst hypnotisiert und unser Paradies preisgegeben.

Wir können leider nicht gleichzeitig in Ekstase sein *und* Kämpfen/Flüchten. Es gibt da nur ein Entweder/Oder. Wir müssen genug Vertrauen aufbringen, den einen Pol loszulassen, um den anderen zu erreichen. *Ekstase kann nur sein, wenn Angst nicht ist! Liebe heißt, Angst fallenlassen.*

Unser Körper ist ein Wolkenkratzer! Wir aber haben uns eingeredet, daß wir nur Keller und Parterre sind. Wir glauben in dieser Selbst-

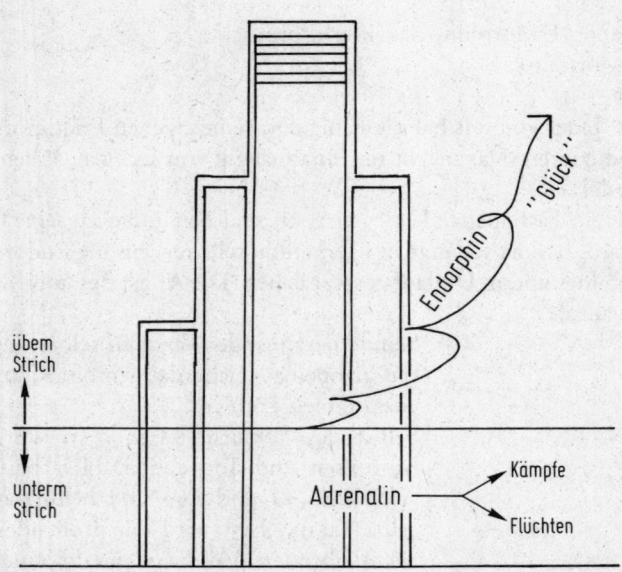

Abb. 30: Wir haben ein Recht auf die »oberen Etagen«!

hypnose, etwas Schlimmes würde passieren, wenn wir in die höchsten Etagen steigen.

Ein *unsichtbarer Trennungsstrich* hat sich wie eine Demarkationslinie in unser kollektives Denken eingeschlichen. Ganze Gesellschaften sind übereingekommen, lediglich *unter dem Strich zu leben!*

Katechismen und Dogmen wurden diesem fatalen Irrglauben angepaßt. Eltern, Priester, Lehrer, die Armee, Ärzte und Geschäftsleute singen nur das eine Lied:

»Oh, wie ist die Welt,
erst unterm Strich
so schön!«

Als Babys haben wir den größten Teil unserer Zeit auf allen Etagen unseres Wolkenkratzers verbracht. Als Kinder sind wir aus schierer Unschuld viele Male nach oben »über den Strich« gestolpert. Allzu häufig wurden wir dann von den Er-ziehern recht roh auf die »normale« Ebene zurückge-zogen.

Als Kind wollte ich einen Kuchen backen. Haferflocken, Milch, Zucker und Wasser ergaben einen tollen Teig auf dem Teppich. Ich fühlte mich als der größte Bäcker aller Zeiten. Dann öffnete ein Erwachsener die Tür... und die Hölle brach los!

Zahlreiche solcher Erfahrungen summierten sich über die Jahre, und so habe ich gelernt, nervös zu reagieren, wenn ich mich ekstatisch fühle: »Es soll wohl wieder bös enden!«

Irgendwann habe ich dann meine »Domäne über dem Strich« fallenlassen und eingetauscht für die kurzlebigen Adrenalinkicks von Lust, die später immer mit Schmerz bezahlt werden müssen. – Dennoch:

### Leben über dem Strich ist unser Geburtsrecht!

Erst dann sind wir *heil*, wenn wir alle menschlichen Aspekte voll und ganz leben.

Unser *gesamter* Körper ist ein Hologramm!

> Unser Gehirn ist sich »nach innen« bewußt, wie es um jede einzelne Zelle in unserem Körper bestellt ist. Jede einzelne Zelle aber wiederum weiß und reagiert auf das, was im Rest des Körpers vor sich geht.

Bewußtsein vom *Mikrokosmos.*

> »Nach außen« hin sind wir uns unserer Umgebung bewußt: Nachbarschaft, Stadt, Staat, Erde und Kosmos. Unser Hologramm Gehirn verbindet uns so mit dem Ganzen.

Bewußtsein vom *Makrokosmos.*

Unser Verstand sieht uns nicht als Teil des Ganzen. Für ihn ist das Ganze der Feind, gegen den er sich behaupten und absetzen muß: Überlebenskampf des individuellen Egos, Isolation, Krankheit.

Sobald wir jedoch unseren Verstand in Urlaub schicken und unser Gehirn den Domänenumschwung zum Hologramm schafft, lernen wir das *Ganze* verstehen. Denn bei holografischen Phänomenen genügt es, einen Splitter der Wahrheit zu be-greifen, um *die Wahrheit* zu verstehen!

## 3. Das Hologramm als Heiler

Der kleinste Teil eines Hologramms umfaßt das vollständige Bild. Aus ein oder zwei frühen Erinnerungen können wir das gesamte Gemälde unserer Kindheit wieder entstehen lassen, inklusive Emotionen und Strategien. Einige wenige »Schlüsselerlebnisse« führen uns zurück zur Quelle.

Abb. 31: Aus einigen wenigen frühen Erinnerungen können wir unsere gesamte Kindheit wieder entstehen lassen!

Zeit ist eine Illusion. Alte Erinnerungen zurückzurufen heißt, sie wieder ins *Hier und Jetzt* bringen. Diesmal aber sind wir mit unserem Bewußtsein voll dabei und haben die Wahl.

*Imagineering* ist die Methode, meine und Ihre Heilung zu ermöglichen und zu beschleunigen. Wir nehmen die Alpträume des inneren Kindes wahr und wandeln sie um. Ich liebe das Motto:
**Es ist nie zu spät, eine glückliche Kindheit zu haben!**

Als Ingenieure unserer Vorstellungskraft und Imagination konstruieren wir uns eine heile und zufriedenstellende Vergangenheit. Wir werden zum »Imagineer«.

Paula fand ihr inneres Kind nach längerem Suchen halb verschüttet und fast erfroren: »Es sieht aus wie E.T. in dem Film«, ließ sie mich wissen. »Du armes, armes Würmchen«, sagte sie bemutternd zu ihrem E.T., »ich werde dich anhauchen und feste reiben, damit du schön warm wirst und wieder zum Leben kommst! Von jetzt an will ich gut für dich sorgen. Dann lachen wir zusammen, und mein Leben ändert sich.«

*Solange Sie leben, lebt auch Ihr inneres Kind!*

Die neuen Erinnerungen werden wir von nun an als Lebensbasis und Fundament verwenden. Wir bauen uns ein neues und gesundes Lebensgefühl und schaffen flexible und funktionale Strategien.

Zum einen renovieren wir mittels Phantasie Keller und Untergeschoß unserer Erinnerung; wir ziehen neue Wände ein, legen Leitungen etc.
Zum anderen wagen wir uns mit Hilfe von *Imagineering* wieder in die »verbotenen«

Obergeschosse unseres höheren Bewußtseins zurück.

Unser Gehirn ist Sitz unserer Vorstellungskraft und ist als solches ein riesiges

Vorstellungskraftwerk!

Wir können jederzeit alte Videobänder lö-
schen und sie mit Neuaufnahmen überspie-
len. Das Gehirn allein kann nicht zwischen
Traum und Wirklichkeit unterscheiden und
ist oft nur zu froh, die Wirklichkeit durch
Traum zu ersetzen.

Der Unterschied zwischen dem *Bild* von einem Stuhl und dem Stuhl selbst liegt nur in
seiner Dichte (d. h. die Geschwindigkeit, mit
der die Atome vibrieren).

Unsere Imagination ist wie ein Bildwerfer,
der an ein Hologramm gekoppelt ist. Ein
Hologramm jedoch kann Dinge konstruieren, die nicht bestehen. Es kann sogar Dinge
entwerfen, die – technisch gesehen – niemals
konstruierbar sind.

Unsere Vorstellungskraft ist dabei nicht auf
Bilder allein beschränkt, denn wir denken in
Bildern (visuell), in Worten (auditiv) mit un-
serer Gefühlswelt (kinesthätisch) etc.

Indem wir unsere traumatische Vergangenheit durch eine gesunde ersetzen, können wir
die meisten unserer Verteidigungsstrategien
und ihre Verstand-Körper-Regelkreise fallenlassen. Damit wird uns ein riesiges Reser-
voir an Energie zurückgegeben. Das Gehirn

muß weniger Zeit an das Überlebensprogramm »Verstand« abtreten.

So wird Raum geschaffen für die Endorphin-
produktion:

> Liebe, Glück und Ekstase kehren in unser
> Leben ein, vor allem *Glückseligkeit*. Im Ge-
> gensatz zu Lust ist sie ein *stetiger* und *andau-*
> *ernder* (Gefühls-)*Zustand,* nachdem wir den
> Domänenwechsel geschafft haben.
> Dies ist der Moment, in dem wir endlich
> heimkommen! Jetzt sehen wir, daß die Welt
> immer schon ein Paradies gewesen ist. Sie hat
> nur darauf gewartet, daß *wir* endlich den Do-
> mänenumschwung von Über-leben zum
> wirklichen Leben machen!

*Das Paradies ist ein Platz in unserem Ge-*
*hirn!*
Es ist nie ein geographischer Ort gewesen,
und die »Vertreibung« hat in uns selbst stattgefunden!

An irgendeinem Punkt in unserem Leben haben wir die Domäne »Überleben« zur einzi-
gen auserkoren.

> Zu Beginn konnten wir zwischen »dieser
> Welt« und den »anderen Welten« ungehin-
> dert überwechseln, bis *wir uns* aus dieser Fä-
> higkeit vertrieben haben.

Wieder nach Hause zu kommen heißt, zu den
verlorenen »Programmen« von Ganzheit,
Heilsein, Liebe, Glückseligkeit, Ekstase,
Vertrauen und Spiritualität zurückzufinden –
wieder vollkommen, *perfekt* zu sein.

Das Gehirn sieht in sich selbst hinein, ein Hologramm schaut in ein Hologramm, das Ganze betrachtend – das ist *Vollendung, Glückseligkeit!*

»Homunculus« nennen Legenden einen von Menschenhand gemachten Embryo, der zum Monster heranwuchs.

*Homunculus* ist ein warnendes Beispiel dafür, was Menschen den Menschen antun können.

Ist unser »inneres Kind« ein solcher *Homunculus* – verzerrt, entstellt und die bloße Gesamtsumme unserer Verteidigungsstrategien? Werden wir auf der Reise nach innen nur diese mitleiderregende Kreatur in uns entdecken, falls wir unser Unterbewußtsein erschließen? Wenn das so wäre, warum sollten wir uns bemühen, vergangenes Unglück und vergessene Schmerzen aufzudecken?

Jawohl, *Homunculus* ist ein lebendiges Geschöpf in uns und überdeckt in den meisten Fällen seinen ebenso lebendigen Zwilling: Das *kosmische Kind.* Es ist die Gesamtsumme unserer höchsten Begabungen und Potentiale. Manche nennen es »Seele« oder »Geist«, andere »höheres Selbst« und wieder andere »unseren Kubikzentimeter Liebe«.

*Das kosmische Kind ist unser Hologramm.* Es schlägt die Brücke von »dieser Realität« zur »anderen Realität«, von der Wirklichkeit unseres Planeten Erde zur Wirklichkeit des gesamten Kosmos.

Auch Ihr Vierjähriges wird sich schließlich in das *kosmische Kind* transformieren. Es wird für sich selbst sorgen, indem es eine Person wachsen läßt, die kompetent, stark, unabhängig und weise ist im Umgang mit seinen Ego-Funktionen: *den mündigen Erwachsenen.*

Die physikalische Realität unseres Körpers wirkt dabei als Spiegel; in ihm reflektieren die Inhalte und Handlungen der Seele.

Der Planet Erde und unser Körper sind das Labor, das Experimentierfeld für unser »höheres Selbst«. Das kann nur durch praktische Erfahrung herausfinden, was funktioniert und was nicht. In der physikalischen Wirklichkeit reflektieren sich die Inhalte unserer Seele.

Es heilt also nicht nur die Seele den Körper, sondern auch der Körper die Seele.

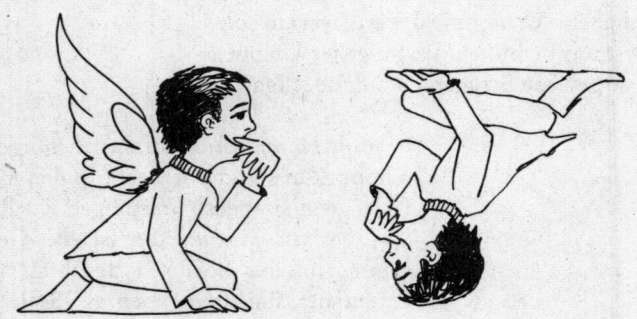

Abb. 32: Auch Sie haben das kosmische Kind in sich!

»Die Seele in Entspannung gleicht einem Kind, dem *Puer Aeternus,* der für all das in unserem Herzen steht, was rein und heil-ig ist – aber auch unergründlich und wunder-voll.«

Peter Lamborn Wilson

Wir alle können Wunder vollbringen! Der Zauberer steckt in jedem von uns!

In den folgenden Kapiteln empfangen wir das Rüstzeug, wie wir unser »Vorstellungskraftwerk«, unser Gehirn dazu einsetzen können, uns unsere Herzenswünsche nach Gesundheit, Liebe und einem sinnvollen Leben erfüllen zu lassen. Wunder fallen nicht vom Himmel, sondern folgen kosmischen Gesetzen, deren Anwendung wir erlernen können.

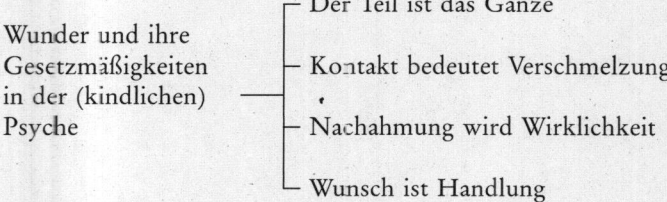

Wunder und ihre Gesetzmäßigkeiten in der (kindlichen) Psyche

— Der Teil ist das Ganze

— Kontakt bedeutet Verschmelzung

— Nachahmung wird Wirklichkeit

— Wunsch ist Handlung

# Teil II:
# Die Praxis des Imagineering

# Heilung durch Imagineering

Wo kommt das Wort *Imagineering* her?
Es ist zusammengesetzt aus den englischen
Worten für Ingenieur (engineer) und Vor-
stellungskraft (imagination).

Wir können zum Ingenieur unserer Vorstellungskraft werden!

Wie geht *Imagineering* vor sich?
Im folgenden habe ich erst die sieben Schritte
des *Imagineering* erklärt; danach folgt die
»live«-Aufzeichnung einer *Imagineering*-
Sitzung.

Neugierige Leser werden sich vielleicht erst
mit der »live«-Sitzung bekannt machen wollen und dann später die Technik und das
»Know How« ergründen.
Sie können also jetzt entweder zu dem Kapitel »Eine *Imagineering*-Sitzung mit Max« auf
Seite 107 vorblättern oder in der von mir ge-
wählten Reihenfolge weiterlesen.

Eines will ich vorausschicken. Die sieben
Schritte produzieren Ergebnisse, *immer*. Sie
können den Beweis selbst erbringen, indem
Sie sie allein oder mit einem Partner auspro-
bieren.

Indem Sie die einzelnen Schritte laut lesen
und den Anweisungen folgen,

werden Sie immer eine *spiralförmige Bewegung* im Verstand zuwege bringen: von der Gegenwart in die Vergangenheit, von dort in eine neue und zukünftige Gegenwart.

## 1. Die sieben Stufen des Imagineering

**1. Stufe: Bestandsaufnahme.**
Definieren Sie Ihren Wunsch, Ihr Problem oder Ihr Begehren.

Beginnen Sie immer im *Hier und Jetzt*.

Was *genau* brauchen Sie oder wünschen Sie sich? Erzählen Sie *genau*, was Sie wollen, als ob Sie es vom Versandhaus bestellen würden.

**2. Stufe: Sinnes- und Gefühlswelt.**
Vergegenwärtigen Sie sich das Problem oder den Wunsch zu einer Vision.

Richten Sie Ihre Augen nach innen und blicken auf Ihr Herz. Lassen Sie die Vision lebendig werden, indem Sie sich aller Sinnes- und Gefühlseindrücke bewußt werden.

Sprechen Sie laut aus, welche
– Größe
– Farbe
– Temperatur (heiß, kalt, lau)
– Konsistenz (hart, weich)
– Zusammensetzung (beschreiben Sie es) es hat und an welchem Ort im Körper es angesiedelt ist.

Richten Sie die Aufmerksamkeit von außen nach *innen* und vom Verstand weg zu den *Sinnen* und in den *Körper*.

- Welche E-motion (Schmerz, Wut, Angst, Liebe) fühlen Sie an dieser Stelle?
- Was sagt sie, wenn Sie ihr eine Stimme gäben?

## 3. Stufe: Regression.
Wann hatten Sie ein ähnliches Gefühl
- zum letzten Mal?
- zum ersten Mal?

Jetzt beginnt die Reise in die Vergangenheit: *Regression.*

Bemühen Sie sich als Anfänger bitte nur um die Frage, wann Sie ein ähnliches Gefühl *zum letzten Mal* hatten, und führen Sie sich in kleinen Schritten zurück in die Vergangenheit. Stellen Sie sich vor, Sie seien auf Schatzsuche in einem Schloß und fahnden nach geheimen Tapetentüren. Jedesmal wenn eine solche Geheimtür plötzlich nachgibt, finden Sie sich einer neuen Situation gegenüber.

Die Frage nach dem *ersten Mal* bringt uns meistens mit einem Riesensprung in unsere frühen Jahre zurück.

## 4. Stufe: Freie Wahl.
Was hätten Sie sich damals noch wünschen sollen oder dringend nötig gehabt, um die Situation für sich zufriedenstellend und perfekt zu machen?
- Wünschen Sie es sich im *Hier und Jetzt.*
- Sagen Sie *genau,* was Sie wollen, wie Sie es wollen, in welcher Menge etc., als ob Sie etwas aus dem Versandhauskatalog bestellen wollten.

Die meisten Menschen hören auf, um *mehr* zu bitten, wenn sie ihr *gewohntes Maß* an Zufriedenheit erreicht haben; wir öffnen aber ungeahnte Potentiale, *wenn wir eine gute Situation noch besser machen.*

Sollten Sie mittlerweile auf unerledigte Probleme gestoßen sein, hier ist Ihr Weg aus der Sackgasse!

### 5. Stufe: Lösung.

»Wunscherfüllendes Video.«

– Produzieren Sie sich einen Videofilm, in dem Sie sich die obengenannten Wünsche erfüllen.
– Projizieren Sie ihn sich auf die Innenseite Ihrer Stirn, wie auf eine Leinwand.
– In diesem Videofilm ist nichts unmöglich, alles passiert genau nach Ihren Wünschen, Sie fühlen sich allmächtig und unüberwindlich, Sie gebrauchen die gegenwärtige Zeit, alles läuft im *Hier und Jetzt* ab.
– Sie sind *gleichzeitig* alle Schauspieler, Drehbuchautor und Regisseur.
– Ein eingebauter »Spezialfilter« wird hemmende Gefühle wie Angst, Schuld und/oder Scham aus dem Film herausschneiden. Von diesen Gefühlen völlig befreit, können Sie Ihr Video produzieren.

Das versorgt Sie mit aller Stärke, Kraft und Standvermögen, um Sie zu einem »totalen Sieger« werden zu lassen. Supermann(-frau) ist ein Schwächling verglichen mit Ihnen! Nichts kann schiefgehen! Folgen Sie den Anweisungen!

## 6. Stufe: Integration.
Domänenwechsel.

Ihr Wunsch ist in Erfüllung gegangen.
Schauen Sie nach innen – was hat sich im Vergleich zu vorher verändert, was haben Sie dazugewonnen?
Was geht jetzt gerade in Ihrem Körper, in Ihren Gefühlen, in Ihrer Einstellung zur Welt vor?

> Nehmen Sie die »Belohnung« mit allen Sinnen wahr, und nehmen Sie sie voll in sich auf, während Sie noch stets in der früheren Zeit bleiben.
> Machen Sie »holografische Standfotos«.
> Assimilieren Sie die neuen Errungenschaften auf all Ihre Bewußtseinsebenen: körperlich, emotional, geistig und spirituell.

## 7. Stufe: Vervollkommnung.
Die Glücksspirale.

Könnten Sie sich noch irgend etwas vorstellen oder wünschen, das die Situation für Sie noch zufriedenstellender und *absolut perfekt* machen würde?

> Das wird Sie in einer spiralförmigen Bewegung wieder und wieder zurück zu Ihrem »wunscherfüllenden Video« bringen.
> Schließlich werden Sie einen Punkt erreichen, an dem alles *perfekt* (kein wesentlicher Teil vom Ganzen fehlt) sein wird.
> In vielen Fällen finden Sie sich in der Gebärmutter wieder, manchmal in früheren Leben oder sogar jenseits von Raum und Zeit.

Zeit ist ja nur ein Konzept. Vergangenheit, Gegenwart und Zukunft passieren alle gleichzeitig. *Was auch immer Sie heilen, Sie heilen es im* Jetzt.

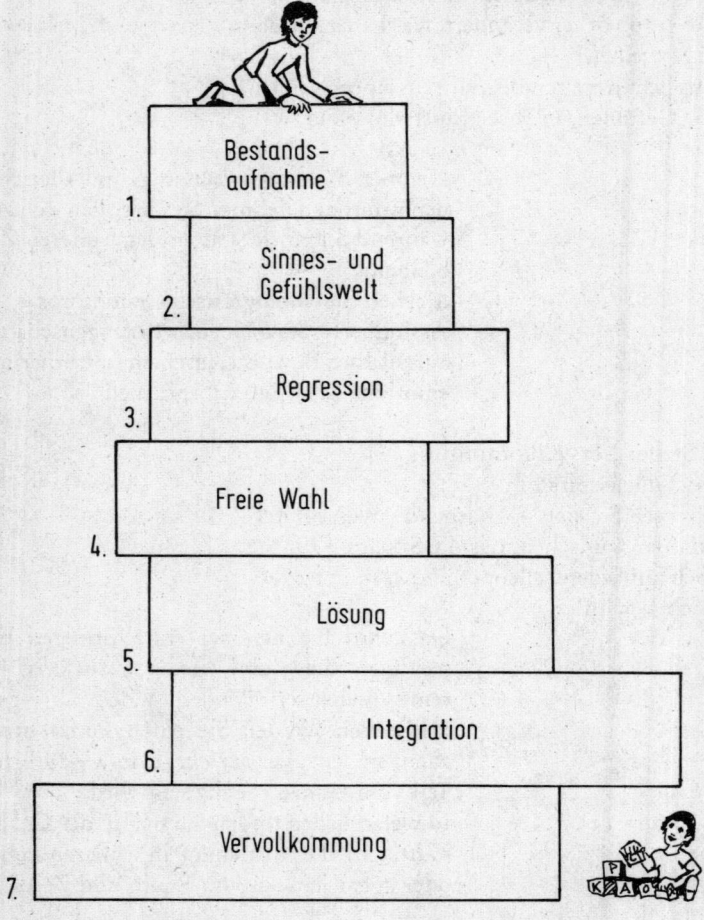

Abb. 33: Die sieben Stufen der Imagineering-Glücksspirale.

## 2. Eine Imagineering-Sitzung mit Max

Dies ist Max' (Name geändert) vierte Sitzung mit mir. Er ist ein etwas schüchtern wirkender junger Mann Ende Zwanzig, der über Angstzustände klagt. Besonders stört ihn eine Phobie, die im Zusammenhang mit Dunkelheit auftritt.

H.: Wie fühlst du dich?

    M.: Danke, ziemlich gut, schätze ich.

H.: Schätze? Das klingt mir zu ungewiß. – Ist es okay, deine Augen zu schließen und sie hinter geschlossenen Lidern auf dein Herz zu richten? Blicke bitte genau hin – kannst du mir nun sagen, wie du dich fühlst?

    M.: Mmh, tja, ich sehe Trauer. Irgendwie bin ich niedergedrückt und depressiv.

H.: Wenn Trauer eine Mixtur von Schmerz und Wut ist, welches von beiden drückst du am meisten runter?

    M.: Wut.

H.: Kannst du der Wut eine Farbe zuordnen?

    M.: Rötlich; es wird immer röter; karminrot.

H.: Kannst du der Wut eine Größe zuordnen wie Tennisball, Fußball oder größer als du selbst?

    M.: Fußball.

H.: Wo siehst du den Ball? Hat er einen bestimmten Platz in dir?

    M.: Hier! (Zeigt auf seinen Adamsapfel.)

H.: Ist die Stelle heiß, kalt oder lauwarm,
kurz gesagt, welche Temperatur empfindest
du dort?

>M.: Warm, nein warte – heiß!

H.: Von welcher Konsistenz ist der Fußball?

>M.: Hart.

H.: Aus welchem Material ist er gemacht;
zum Beispiel Stahl, Felsen, Holz, Plastik, Öl?

>M.: Eine Kanonenkugel!

H.: Auf wen möchtest du denn am liebsten
eine Kanonenkugel abfeuern?

>M.: Mmh (überlegt); ach, Blödsinn (schüttelt
>den Kopf).

H.: Auf wen? – Mit deiner Erlaubnis, schau
nochmals genau hin, und die erste Antwort,
die hochkommt…

>M.: Tja, Barbara (Freundin, Name geändert)
>hatte mir versprochen, den Schlüssel unter
>die Matte zu legen. Sie vergaß es, und ich
>mußte über eine Stunde warten, bevor sie
>schließlich heimkam. Wir haben dann zu-
>sammen Abendessen gekocht, und da habe
>ich mich mit dem blöden Messer in den Fin-
>ger geschnitten. Sie konnte kein Pflaster fin-
>den, und als ich dann sagte, daß aber auch
>nichts in diesem Haushalt klappt, schnappte
>sie gleich ein.
>Ich bin dann heimgegangen.

H.: Als du die Stunde gewartet hast, wurdest
du ärgerlich, oder war es dir egal?

M.: Ich fand es blöde.

H.: Hast du ihr das gleich bei ihrer Ankunft
mitgeteilt?

M.: Nein, eigentlich nicht.

H.: Warst du innerlich noch immer aufge-
wühlt, als du dir in den Finger geschnitten
hast?

M.: Ziemlich.

H.: Stand dein Ausbruch über die verscholle-
nen Pflaster im Verhältnis zum Anlaß, oder
stand er außerhalb jeder Proportion?

M.: Unproportional, schätze ich.

H.: Was hast du während des Vorfalls mit
dem Schlüssel nicht gesagt, das du dann später beim Pflaster nachzuholen versucht hast?

M.: Daß ich mich nicht auf sie verlassen kann
und daß ich das nicht ausstehen kann!

H.: Aha, jetzt machst du Nägel mit Köpfen.

M.: Es ist halt schwierig für mich, ihr was zu
sagen, weil sie entweder gar nicht zuhört
oder gleich einschnappt.

H.: Bist du willens einen »wunscherfüllenden Traum« zu inszenieren, in dem du ihr frei
von der Leber weg deine Meinung sagst?
Stelle dir vor, daß du stark, allmächtig und
unüberwindlich bist und alles nach deinen
Wünschen abläuft.
Um deinen Erfolg zu kontrollieren, mache
ich dich zum Drehbuchautor, Regisseur und

allen Schauspielern. Du bist auch der Kino-
besitzer und projizierst das Video auf die
Rückseite deiner Stirn.

M.: (Lacht) Tonfilm?

H.: Nicht nötig. Die meiste Zeit fühle ich eh,
was in dir vorgeht, und ich empfange paral-
lele Bilder. Ab und zu werde ich nachfragen.

M.: (Nach kurzer Pause, in frustrierter Ton-
lage:) Mensch, es funktioniert nicht. Sie will
nicht zuhören!

H.: Heh, du bist all-mächtig; hast du das
schon vergessen? Wenn sie dir nicht zuhören
will, mußt *du* es ins Drehbuch geschrieben
haben. – Dies ist *dein* Wunschtraum, du
führst Regie, und dein Wunsch ist Befehl.

M.: (Lange Stille. Max' Augäpfel rollen, unter den Lidern sichtbar nach rechts oben; ein
Zeichen, daß er seine linke Gehirnhälfte visuell engagiert und Bilder konstruiert.)

H.: (Nach einiger Zeit.) Bist du bereit, mir
kurz mitzuteilen, wie weit du bist?

M.: Mmh, ich rede und sie hört zu.

H.: Wie fühlst du dich dabei?

M.: Stärker.

H.: Ah, Stärke. – Welche Farbe würdest du
mit Stärke assoziieren?

M.: Orange kommt mir in den Sinn.

H.: Wo im Körper siehst du Orange und damit die Stärke?

> M.: In Schultern und Armen.

H.: Kannst du die Stärke intensivieren, so
daß du sie ein für allemal fühlst?

> M.: (Nickt.)

H.: Magst du in die orange Farbe hineinatmen, als ob du ein Feuer anfachen würdest?
Blase jede Menge Sauerstoff in die Glut. Stell
dir Sauerstoff als goldene Partikel vor;
schließlich ist er ja eingefangenes Sonnenlicht; wenn die Sonnenstrahlen auf die Blätter
fallen, transformiert das Chlorophyll sie in
Sauerstoff.
Kannst du tief durch den Mund atmen, deine
Lungen füllen und Gold und Orange in deinen Schultern mischen?

> M.: (Lacht.) Mir wird heiß.

H.: Siehst du irgendwo in deinem Körper so
was wie eine Quelle, wo das Orange heraus-
sprudelt?

> M.: Ja, in der Magengegend; ist aber viel Gelb
> mit drin.

H.: Prima, deine Kraftquelle siedelst du also
im Sonnengeflecht an, einem Nervenknoten
unseres autonomen Nervensystems.
Willst du mir genau beschreiben, wo und wie
sich das anfühlt?

> M.: Am Ende vom – äh – Brustbein, hier un-
> ter dem Zwerchfell.

111

H.: Lasse deine rechte Hand auf dieser Stelle
ruhen. – Laß sie in dich hineinsinken wie einen Anker.
Fühlst du deine Kraft und Stärke?

M.: Oh, ja! – Schön warm.

H.: Stell dir vor, deine Handfläche ist Foto-
kopierpapier, und du machst einen Abzug
von deiner Stärke und ihrem gelb-goldenen-
orangen Licht. Von nun an kannst du in Situationen, in denen du extra Stärke nötig
hast, die Hand wie einen Anker wieder auf
diese Stelle legen.
Wie fühlst du dich, wenn du dich warm, stark
und kräftig fühlst?

M.: (Grinst.) Sicher!

H.: Sicherheit und Schutz – welche Farbe
würdest du denen zuordnen?

M.: Mmh – Grün und etwas Blau.

H.: Bitte verstärke die Farben mit Sauerstoff.
– Wo haben Grün und Blau ihren Ursprung?
Sind sie irgendwo konzentriert?

M.: Hier (Legt seine Linke über die Herzgegend.). Alles grün hier.

H.: Fein! Laß die Hand, wo sie ist. Kannst du
unter die Hand atmen?
Wo ist Barbara in alldem? Ist sie noch da, und
wie reagiert sie?

M.: Ja, sie sitzt mir gegenüber. Sie mag, was
passiert.

H.: Willst du damit sagen, sie ist dir nicht
böse, wenn du ihr vom Schlüssel erzählst?

> M.: Sie hört zu und scheint froh zu sein, daß
> ich es rauslasse. Wenn sie die Zusammen-
> hänge versteht und mitbekommt, was in mir
> abläuft, kann sie es leichter akzeptieren.

H.: Stimmt. – Woher weißt du, daß sie froh
ist?

> M.: Sie lächelt.

H.: Meinst du, sie möchte etwas sagen?

> M.: Sie sagt: »Es tut mir leid. Ich war nachläs-
> sig mit dem Schlüssel und hab' nicht an dich
> gedacht. Meine Verliebtheit war wohl gerade
> mal abwesend.« (Grinst.)

H.: Ist die Entschuldigung ernst gemeint,
und vertraust du ihr?

> M.: Ja. – Ich will ihr auch was sagen.

H.: Ja?

> M.: Vielleicht – daß ich sie liebhabe.

H.: Vielleicht? – Magst du davon nicht lieber
eine Feststellung machen und Barbara damit
direkt ansprechen?

> M.: Barbara, ich liebe dich. (Stille.
> Mit zitternder Stimme:) Sie hat mir geant-
> wortet: »Ich liebe dich, Max!«

H.: Wie könnt ihr einander ohne Worte wissen lassen, daß und wieviel ihr euch liebt?

> M.: Wir könnten uns umarmen.
> Wir umarmen uns!

Und es fühlt sich hier (zeigt auf die Herzgegend) warm und rosa an.

H.: Magst du mir versprechen, daß du das, was wir gerade durchlebt haben, Barbara mit-teilst?

M.: Natürlich.

H.: Laß die Hand auf der Herzgegend liegen, atme unter sie, sinke in eine noch tiefere Entspannung.
(Nach einer kurzen Pause.)
Die Schotten zwischen deinem Bewußtsein, Unterbewußtsein und kosmischen Bewußtsein haben sich aufgelöst. Jede gewünschte Information ist dir zugänglich.
Was ist der erste Gedanke, der in dir aufkommt, wenn ich die folgende Frage stelle: Wann bist du zum ersten Mal tief enttäuscht worden, und wer war es?

M.: Mutti.

H.: Erinnerst du dich?

M.: (Schaudert, zögert.) Die Karnevalsnacht. Ich war ziemlich klein, so drei oder vier. Sie ging zu einer Party und hatte mich ins Auto zum Schlafen gelegt. Sie nahm mich überall mit hin, und ich schlief an allen möglichen Plätzen.
Wie ich plötzlich aufwache, habe ich vergessen, wo ich bin. Draußen sehe ich den Teufel stehen, ein Gespenst und einen Dracula. Ich fange an zu schreien – oh – (beginnt zu zittern), und sie kommen näher, klopfen an die Scheibe, winken mir zu. Ich flippe völlig aus. Natürlich weiß ich nicht, daß es Karnevalsgäste sind.

Weiter weiß ich nicht. Ich muß vor Angst
wohl halb verrückt geworden sein oder habe
vor lauter Schreien einen Erstickungsanfall
bekommen. (Rollt sich zusammen, Terror
spiegelt sich auf seinem Gesicht.)

Abb. 34: Die Karnevalsnacht.

H.: (Schaudert selbst, hat seit dem Beginn der
Geschichte seine Hand auf Max' Arm gelegt,
um ihn zu »erden«.)
Was hättest du von Mutti in diesem Augenblick am meisten gebraucht?

M.: Schutz! Sicherheit! In ihren Schoß krie-
chen und mich verstecken.

H.: Bist du bereit, das nächste »wunscherfüllende Video« zu produzieren?
Sei der Regisseur, die Schauspieler, schreibe
ein Drehbuch, und projiziere deinen Film auf
die Rückseite deiner Stirn. Erzeuge eine völlig sichere und geschützte Situation und ver-
bessere sie, bis sie sich perfekt anfühlt.

M.: (Fängt an zu weinen, stößt mehrere Male
das Wort »Mutti!« aus, schlingt die Arme um
sich und wiegt sich.)

H.: Was siehst du?

115

M.: Sie hält mich ganz, ganz fest! Das fühlt sich so gut an!

H.: Mmh, »gut«; welche verschiedenen Qualitäten fühlst du, wenn du sagst, daß du dich »gut« fühlst?

M.: Sicherheit; unglaubliche Sicherheit; Erleichterung, Schutz und Wärme.

H.: Hörst du sie etwas sagen?

M.: Sie wird mich nie mehr allein lassen! Sie hält mich warm.

H.: Welche Farbe würdest du der Wärme zuordnen? Wo siehst du sie?

M.: Im Herzen; Wärme hat eine rote Färbung – mit viel Gold drin.

H.: Magst du in das Gold hineinatmen und es strahlen lassen?
Welchen Namen würdest du dieser Emotion geben, die du da im Herzen spürst?

M.: Liebe. – Ein Prickeln läuft Schultern und Arme runter! (Tiefe, befreiende Atemzüge.)

H.: Produziere bitte das nächste Video und schreibe ein Drehbuch, in dem du dich noch besser und perfekter fühlst.

M.: Ich glaube nicht, daß es da noch eine Steigerung gibt. Ich fühle mich doch schon fast im siebten Himmel.

H.: »Fast?« – Erlaube dir für ein Mal, richtig gierig zu sein! Wünsche dir das Unmögliche,

was immer es sein wird, es wird dir erfüllt.
Du könntest dir wünschen, daß auch noch
dein Vater dazu...

> M.: Ich hatte keinen Vater – ich meine, ich
> habe ihn erst vor zwei Jahren zum ersten Mal
> getroffen.

H.: Sollen wir deinen Vater dazuholen? Ich
meine, ist es eine gute Idee, um dein Gefühl
von Sicherheit noch intensiver zu machen?

> M.: (Nickt.)

H.: Stell dir deinen Vater in jungen Jahren
vor. Wie alt mag er gewesen sein, als du drei
warst?

> M.: Anfang Zwanzig.

H.: Magst du dir vorstellen, wie er zu dir und
Mutti hinzutritt, euch unterstützt?

> M.: (Nach langer Pause.) Ich kann mir das
> nicht vorstellen. Unmöglich!

H.: Fein. In diesem Falle können wir einen
Schauspieler engagieren, der perfekte Vater-
rollen spielt.
Könntest du dir eine väterliche Figur vorstellen, die über all diejenigen väterlichen Qualitäten verfügt, die dir lieb und teuer sind?

> M.: Mmh, laß sehen. Stark, aber nicht zu
> stark; wenigstens nicht stärker, als ich jetzt
> bin. (Grinst.)

H.: Ja, entwirf ihn, so daß du dich jederzeit
wohl in seiner Nähe fühlen kannst.

M.: Spaß will ich mit ihm haben. Er würde Abenteuer lieben, wir könnten Fischen gehen, Fußball spielen. Er könnte mich von der Schule abholen, dann könnten alle Kinder sehen, daß ich einen Vater habe. (Fängt an zu weinen.)
(Ballt Fäuste, wird wütend und boxt in die Luft.)
Verdammter Scheißkerl! Warum warst du bloß nie da!?!

H.: Du hast jetzt die Wahl, den Schauspieler wegzuschicken und ihn durch deinen Vater zu ersetzen, falls du dir das jetzt vorstellen kannst.
Du darfst ihn nach Strich und Faden verhauen, kratzen, beißen und schlagen, bis er k.o. ist.

M.: (Nimmt breite und drohende Haltung an – boxt und kickt mehrere Male.)

H.: Wie läuft's?

M.: (Zufriedenheit in der Stimme.) Habe ihm die Abreibung seines Lebens verpaßt; war längst überfällig. Du kleiner Feigling! (Kräuselt verachtungsvoll seine Lippen.) Hier! (Boxt.) Du mieser Stinker!
Den hat's erwischt. Endlich groggy.

H.: Will er dir was sagen?

M.: Er schaut ganz schön geknickt. Ich meine, er sieht mich aus traurigen Augen an.

H.: Was sagen seine Augen?

M.: (Weint, erst still und dann schluchzend.)

(Flüstert.) Habe dich so vermißt..., wollte immer einen Sohn...
(Nachdem er aufgehört hat zu weinen.)
Er hat sich entschuldigt. Es tut ihm leid, daß er mich im Stich gelassen hat.
(Weint selig und still vor sich hin.)

H.: (Mit belegter Stimme.) Was möchtest du darauf antworten?

M.: (Seufzer.) Soll ich ihm vergeben?

H.: Fragst du mich?

M.: Ich vergebe dir. (Stille)
(Pause)

H.: Hat sich was vollendet und fühlt sich abgeschlossen, seit du ihm vergeben hast?

M.: Ja. (Läßt den angehaltenen Atem mit tiefem Seufzer raus.) Was eine Erleichterung; entspanne mich. (Strahlt.)

H.: Prima. Bitte behalte dieses Gefühl bei, und kehre zurück zur anfänglichen Szene mit dem positiven Vater. –
Brauchen wir den Schauspieler noch?

M.: Nein.

H.: Wie würde ein vollendeter Vater seinen Sohn wissen lassen, daß er ihn liebhat?

M.: Er sagt mir, wie stolz er auf mich ist; wie sehr er mich liebt.

H.: Und wie fühlst du dich dabei?

M.: Stolz!

H.: Wie fühlt sich der Vater?

M.: Stolz.

H.: Welche Farbe gibst du Stolz, und wo ist er lokalisiert?

M.: Mein Rückgrat prickelt. Ich sehe Gelb. (Reckt sich.)

H.: Wie würde ein vollendeter Vater auch ohne Worte seine Liebe für dich ausdrücken?

M.: Mich vielleicht festhalten?

H.: Kannst du dir das vorstellen?

M.: Ich sitze auf seinem Schoß, wie ich das beim Onkel Thomas immer durfte.

H.: Darf ich mehr über Onkel Thomas wissen?

M.: An den habe ich ja jahrelang nicht mehr gedacht!
Onkel Thomas war nicht mein wirklicher Onkel. Er wohnte nebenan. Sie hatten keine Kinder, und ich war immer willkommen. Er war in der Marine gewesen und erzählte Geschichten...

H.: ...während du auf seinem Schoß saßt?

M.: (Tränen in den Augen) ...bis es draußen dunkel wurde. Aber wir haben kein Licht gemacht. Er hat weitererzählt, und seine Frau, Tante Anna, hat auch zugehört.
Wir sind oft noch lange schweigend sitzen geblieben.
Ich wollte oft gar nicht zurück zu Mutti und Abendbrot essen.

H.: Siehst du, da ist immer irgend jemand in unserem Leben, der an uns Kinder »die Fakkel der Liebe« weiterreicht! Nur in Ausnahmefällen ist es einer unserer Eltern. Die sind viel zu bemüht, uns das Überleben zu lehren. Die geben uns zu essen, kleiden uns, schicken uns zur Schule – die leider notwendige Routine. Die alltägliche Sorge für dich –, das war schon eine Menge Liebe.

M.: Ich habe mich oft bei meiner Mutter beklagt, daß ich mich nicht genug geliebt fühlte. Sie reagierte richtig beleidigt und sagte (Ahmt ihre Stimme nach, vorwurfsvoll): »Ich weiß gar nicht, was du willst! Du hast immer genug zu essen gehabt, saubere Sachen zum Anziehen und eine gute Schulausbildung!« Ich glaube, ich habe ihr weh getan.

H.: Das war halt ihr Verständnis von Liebe und ihrer Rolle als Mutter. Vielleicht war es das Beste, was sie dir unter den gegebenen Umständen bieten konnte, außerdem war sie allein.
Ist es nicht wunderbar, wie die beiden Nachbarn den Aspekt der Liebe für dich erfüllt haben? Hattest du den Eindruck, das Ehepaar von nebenan hat dich bedingungslos geliebt?

M.: Ja, bedingungslos. – Eine Mutter muß ja wohl ihr Kind lieben. Die beiden hatten mich einfach so lieb.

H.: Nicht »einfach so«; (lacht) jedes Kind kommt auf diesen Planeten als Liebe. Auch du bist ein Geschenk der Liebe.

M.: Ja, ja, Kind der Liebe (sarkastisch).

H.: Nein, jedes Kind ist eine sichtbare Manifestation von Liebe. Jedes Kind bringt mit sich auf diese Erde einen »Kubikzentimeter Glück« und bietet ihn Eltern, Geschwistern und Umgebung zum Geschenk an.

Meistens wird das Geschenk total übersehen, ignoriert oder sogar darauf herumgetrampelt. Uns bleibt als Kinder kaum eine andere Wahl, als unseren Kubikzentimeter schleunigst in Sicherheit zu bringen und ihn gründlich zu verstecken. Wir verbergen ihn oft so clever, daß wir uns hinterher meistens nicht mehr daran erinnern können, wo wir ihn gelassen haben. Nach und nach vergessen wir, daß wir überhaupt jemals solch einen Schatz besessen haben. So bleibt uns oftmals nur eine vage Erinnerung, ein Sehnen, erhalten.

Aber du fandest die speziellen Menschen, die dich nur um deiner selbst willen geliebt haben; bedingungslos und voller Enthusiasmus für dich.

Hattest du je einen solchen Moment mit deiner Mutter?

M.: Mmh – (lächelt), – wenn sie mir die Fußnägel geschnitten hat, nach dem großen »Samstagwannenbad«.

Ich sitze hinter ihr, strecke meine Beinchen seitlich an ihrem Körper vorbei nach vorne, damit sie an meine Zehennägel kann. Ich umarme sie von hinten, halte sie ganz fest und habe ein Fäustchen um ihre Schürzenträger. Ich kuschele mich ganz nah an sie ran – (fühlt seine Erinnerung) – ich war ganz nackt unter dem großen Badetuch.

(Gerötete Wangen; strahlt; hat mit lebhafter Stimme erzählt.)

H.: Kannst du dir was ausdenken, das die Situation für dich noch zufriedenstellender und noch perfekter machen würde?

M.: Ich möchte sie gerne von vorne umarmen – nackt, wie ich bin.

H.: Wenn du das möchtest, warum produzierst du dann nicht gleich das nächste »wunscherfüllende Video«. Und filtere alle Furcht, Angst und Scham raus!

M.: (Augen rollen nach rechts oben; Schüchternheit, Verlegenheit und Scham sind an seinem Gesicht abzulesen, das sich schließlich in zufriedene Lachfältchen legt.) Mmh, – prima!

H.: Magst du mir erzählen, was du siehst?

M.: (Wie im Traum.) Habe meine Arme um ihren Hals; bin ganz nackt – kuschele mich an ihren Busen. (Lacht verschmitzt.)

H.: Hörst du ihren Herzschlag? Fühlst du die Erschütterung, wenn ihr Herz pocht? – Wie empfindest du ihre Haut? – Fällt ihr Haar in dein Gesicht?

M.: Aah – ja!

H.: Wünschst du dir, sie hätte nichts an?

M.: Ja – aber – sie würde niemals...

H.: Würdest *du* es wollen?

M.: (Scheu.) Ja.

H.: Wenn du es willst, schreibe es ins Drehbuch, inszeniere es, sieh es geschehen.

M.: Es geschieht..., (lächelt, atmet tief).

H.: Atme weiter. Fühle dich in diesen »goldenen Moment« hinein. Fühle die tiefe Bin-
dung, die du und Mutti miteinander eingehen. Fühle die Einheit, die nur ihr beiden
miteinander geteilt habt. – Männer kommen
keiner Frau jemals näher als ihrer Mutter.
Das wird sich später in ihren Beziehungen
widerspiegeln. Entweder der Abstand war zu
groß oder nicht groß genug.
Kannst du deine zukünftigen Beziehungen
nach dem Beispiel dieses »goldenen Mo-
ments« modellieren?

M.: Tja. Wirkliche Nähe mit Barbara zulas-
sen. Ihr mein inneres Kind anvertrauen.

H.: Ist da noch irgend etwas, was du dir wünschen könntest, um den Kontakt mit Mutti
noch enger, noch perfekter, zu machen? –
Filtere Angst, Schuld und Scham raus.

M.: Du meinst *keine* Scham? Unter keinen
Umständen Scham? – Was auch immer ich
möchte?

H.: Genau. Was du auch willst, es darf geschehen.

M.: (Murmelt, schüttelt verneinend den
Kopf in meine Richtung, als ob er mir
Vorwürfe macht.) Was willst du, das ich
soll?

H.: Du entscheidest hier, nicht ich. Und du
hattest da eben gerade eine wilde Idee, nicht?

M.: (Murmelt.) Wollte mir ihr vögeln.

H.: Kannst du Verantwortung für deine
Wünsche übernehmen und ein Script für
diese Szene schreiben?

M.: Okay. (Seine Augen rollen wild hinter
geschlossenen Lidern hin und her. Ein Sturm
widerstreitender Emotionen tobt über sein
Gesicht, bis er sich schließlich wirklich entspannt, tiefer, als ich es je bei ihm gesehen
habe. – Stille.)

H.: Bitte beurteile dich nicht und rede dir
schon gar nicht ein, du seist pervers. Der
Wunsch des Kindes, mit Vati und Mutti Sex
zu haben, ist Ausdruck unseres Wunsches
nach körperlicher Nähe und Verschmelzung
mit den Eltern.
Außerdem sind Kinder natürlicherweise
neugierig: Es ist, als ob das Kind »Doktor
spielen« will mit dem inneren Kind des Erwachsenen.
Außerdem versuchen Kinder die Handlungen ihrer Eltern zu kopieren. So lernen sie. Es
wird nur dann wirklich ödipal, wenn der Er-
wachsene die Gelegenheit mißbraucht und
mit dem Kind wirklich Geschlechtsverkehr
hat. – Das hinterläßt Narben; immer.
Wenn es dagegen in der Imagination abläuft,
um zu verschmelzen und zurückzukehren...
(Fühlt plötzlich sein Herz den Rhythmus
wechseln und übergehen zu einem ruhigen
Pendelschlag; bricht seine Belehrungen ab
und fragt schließlich):

Wo genau befindest du dich?

M.: (Wie in Trance.) Drinnen. – Ich bin drinnen.

H.: Da, wo du jetzt bist, ist es da hell oder dunkel?

M.: Nicht dunkel – Zwielicht.

H.: Warm oder kalt?

M.: Warm.

H.: Ist dort Luft?

M.: Wasser; überall; ich treibe!

H.: Hast du einen Begriff für diesen Ort?

M.: Gebärmutter.

H.: Hast du einen Begriff für das, was du jetzt fühlst?

M.: Perfekt.

H.: Ist es dir irgendwie möglich, noch mehr für dich zu verlangen? Kannst du es noch perfekter haben wollen?

M.: (Hat sich zu einem Ball zusammengerollt. Schüttelt den Kopf. Gelassenheit strahlt von ihm aus wie ein zartgoldener Widerschein, der den ganzen Therapieraum füllt. – Ich spüre Vollendung, Ganzheit, Frieden und Heil-ung.)

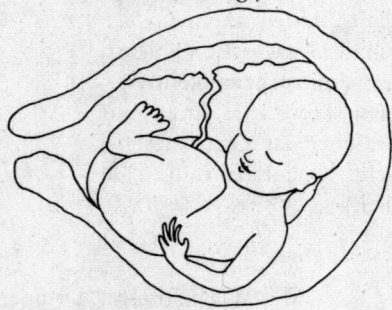

Abb. 35: Es ist nie zu spät, eine glückliche Kindheit zu haben!

H.: (Nach einer langen Pause.) Du weißt
mittlerweile, daß ich die Sitzung immer mit
einer Formel, einer Anrufung, beschließe.
Du bist auch diesmal eingeladen einzustim-
men. Sprich mir nach, wenn du magst:
Ich überantworte diese Erfahrung an die heilenden Kräfte des Universums.

> M.: Ich überantworte diese Erfahrung an die
> heilenden Kräfte des Universums.

H.: Ich lasse hiermit wissen, daß ich als Liebe
in diese Welt gekommen bin. Das ist mein
Geburtsrecht.

> M.: Ich lasse hiermit wissen, daß ich als Liebe
> in diese Welt gekommen bin. (Schwungvolle
> Stimme.) Und das ist mein Geburtsrecht!

H.: Ich bitte mein höheres Selbst und mein
kosmisches Bewußtsein, jetzt zu mir zu sprechen:
Was ist meine Botschaft?
Was ist mein Geschenk?

> M.: Ich bitte mein höheres Selbst und mein
> kosmisches Bewußtsein, sprecht zu mir!
> Was ist meine Botschaft?
> Was ist mein Geschenk?

H.: Okay. Atme, sei empfänglich und offen
für das, was kommen mag.

> M.: (Beginnt nach einiger Zeit zu lächeln.)
> Willst du hören?

H.: Klar!

> M.: Es war beide Male dasselbe Wort. Meine
> Botschaft war »Liebe«, und mein Geschenk
> für dieses Leben ist »Liebe«.

Wenn Sie diese Aufzeichnung wie einen Roman verschlungen haben, ohne viel auf die Systematik des *Imagineerings*prozesses zu achten, so ist es jetzt vielleicht an der Zeit, wieder zu den sieben Schritten des *Imagineering«* zurückzublättern. Sie können die sieben Schritte nun studieren, und wenn Sie die Sitzung noch einmal durchlesen, achten Sie diesmal auf die Technik.

## 3. Angewandtes Imagineering

Haben Sie Lust, der Ingenieur Ihrer Ideen, Visionen, Erinnerungen und Ihrer eigenen Geschichte zu werden? Dann wird Sie die folgende Information interessieren.

Der Begriff »*Imagineering«* ist bereits in den vierziger und fünfziger Jahren in den USA von Leuten wie *Norman Vincent Peale* und *Walt Disney* geprägt worden. *Disney* bezeichnete sich und seine Mitarbeiter als »Imagineers« und den Prozeß, in dem Disneyland entstand, als »Imagineering«.
Wenn Gedanken zu Bildern (lat.: imago) werden, verwandeln sie sich zu mächtigen Werkzeugen im menschlichen Gehirn. Das gilt natürlich auch für alle anderen Sinneseindrücke wie fühlen, hören etc.

Müssen Sie sich Ihr Haus nicht erst *vorstellen,* bevor Sie mit dem Bau beginnen können? Wird es nicht einstürzen, wenn Sie seine Strukturen fehlerhaft vor Ihrem inneren Auge gesehen und dann danach entworfen haben?

Imagination projiziert, wirkt wie ein Film-
vorführgerät, das Ihre persönliche Wirklichkeit entstehen lassen kann. Es wird sich für
Sie lohnen, sehr genau aufzupassen, *welche*
Sorte von Gedanken und Bildern Sie mit sich
herumtragen und projizieren. Was immer Sie
sich vorstellen, es wird sich manifestieren!
Das »Gute« genauso wie das sogenannte
»Schlechte«.

Wenn Sie das Haus nicht mögen, das Sie entworfen und gebaut haben, wer ist dafür verantwortlich? Wenn Ihnen Ihr Leben nicht
paßt, wer hat die Fundamente entworfen, auf
denen Sie es errichten?

Die Gedanken Ihres Verstandes haben bereits Ihre *Vergangenheit* bestimmt, und was
immer Sie *jetzt* gerade denken, glauben und
sagen, wird eines Tages Ihre *Zukunft* sein.

Imagination kann nicht nur Objekte entwerfen, sondern auch Sie selbst!

Um so wichtiger wird *Imagineering*, denn damit können Sie bewußt Ihre Gedanken und
Bilder in gewünschte Richtungen leiten. *Imagineering* wird die Gedanken der rechten und
linken Gehirnhälfte (horizontal) mit all unseren Bewußtseinsstufen (vertikal) verknüpfen:

| | |
|---|---|
| Körperbewußtsein: | Zellerinnerung. |
| Unterbewußtsein: | »Inneres Kind«, kosmisches Kind. |
| Tagesbewußtsein: | Bezahlt die Rechnungen, tankt, geht Einkaufen etc. Überlebens-Ego, Verstand. |

| Höheres Bewußtsein: | Die Instanz, »die immer schon wußte«, spirituelle Fähigkeiten, höheres Selbst, kosmisches Bewußtsein. |

## Der Zehn-Phasen-Prozeß

Mit *Imagineering* werden Sie nicht nur in Ihre persönliche Geschichte, in Ihr Unterbewußtsein hineinreichen können, die durch Ihr Familienleben geprägt wurde. Sie werden auch in vergangene Zeiten hineinreichen und Ihre archetypische Geschichte, also die Erinnerungen des kollektiven Unbewußten, aufdecken können. Von dort werden Sie zur Gegenwart und in Ihre Zukunft Brücken schlagen können.

Meistens verläuft der Prozeß in zehn Phasen, die ich auf zehn Sitzungen von zwei Stunden zu verteilen versuche.

Erst wenn mein Klient bestimmte »Meilensteine« passiert und vor jedem entsprechend seine emotionelle Bürde niedergelegt hat, bezeichne ich den Therapieprozeß als erfolgreich abgeschlossen. Dies sind die *Meilensteine:*

| *1. Phase: Adoleszenz* | Pubertät, Widerstreit der sexuellen Triebe, Anpassungsschwierigkeiten an die eigene Altersgruppe. Wer bin ich? *Ziel:* Gesunde Identität. |

| *2. Phase: Kindheit* | Integration oder Nicht-Integration in Systeme wie Kindergarten und Schule, Spiel kontra Arbeit. *Ziel:* Angemessenheit. |

| | |
|---|---|
| *3. Phase: Genitale Phase* | Geheime Phantasien über verborgene ödipale Wünsche und das Aufkommen von Schuld. *Ziel:* Sensualität. |
| *4. Phase: Anale Phase* | Festhalten kontra Loslassen, Rigidität kontra Entspannung, Ankunft des Bösen und der Scham. *Ziel:* Autonomie. |
| *5. Phase: Orale Phase* | Mund trifft auf Brust und lernt, versorgt zu werden. Kontinuität, Regelmäßigkeit, Verläßlichkeit, Erkennbarkeit. *Ziel:* Vertrauen. |
| *6. Phase: Geburt* | Den Geburtsfilm noch einmal ablaufen lassen und das Drama in einen Triumph des Lebenswillens verwandeln. *Ziel:* Positive Lebenserwartung. |
| *7. Phase: Gebärmutter* | Elimination von pränatalen Traumata, Erfahren absoluter Sicherheit, Geborgenheit, Verstand- und Zeitlosigkeit, Unendlichkeit; »Kleines Paradies«. *Ziel:* Perfektion. |
| *8. Phase: Jenseits der Gebärmutter* | Manche Klienten finden sich plötzlich an ihnen wohlbekannten Orten aus der geschichtlichen Vergangenheit wieder und treffen dort auf Menschen, die sie aus diesem Leben wiedererkennen, – Erfahrungen des kollektiven Unbewußten und seiner Archetypen in früheren Leben. |

*Ziel:* Schicksalsbewältigung, Befreiung vom Karma.

**9. Phase: Jenseits von Leben und Tod**

Zurückfinden zum kosmischen Bewußtsein und unserer Spiritualität. Die spezifische Herausforderung und den Sinn des Lebens entdecken und entwerfen, Partnerwahl (Seelenpartner, Zwillingsseele), Bewußtwerdung der Gottnatur und des »Großen Paradieses«.
*Ziel:* Erleuchtung. Persönliche und transpersonale Ziele verwirklichen.

**10. Phase: Erwachsensein**

Integration des inneren Kindes, Versöhnung und Verschmelzung der femininen und maskulinen Aspekte, lernen, sich selbst und den Partner zu lieben, Verbindung zwischen der Alltag-Person und ihrem höheren Selbst herstellen, vergeben und loslassen unnützen Ballasts.
*Ziel:* Interaktion. In der Welt sein, ohne von ihr verschluckt zu werden.

Es kommt hauptsächlich auf meine Klienten an, wie schnell wir diese Prozesse durchlaufen können. Bevor wir einen Meilenstein hinter uns lassen können, ist es wichtig, aufgestaute Emotionen abfließen lassen zu dürfen. Hier ist meine Methode der

INTEGRIERENDEN ATEMTHERAPIE

sehr hilfreich.

Häufig unterstütze ich das *Imagineering* mit Bodywork. Meine Spezialitäten sind eine Bindegewebstechnik,

BINDEGEWEBE-REBALANCING

genannt, und die

WELLSPRINGS-MASSAGE,

körperliche Integration durch Musik, Bewegung und Berührung. Durch diese Techniken werden unerwünschte Zellerinnerungen *herausgebürstet*.

*Imagineering* ist zu einem heilenden Geschenk für mich geworden. Es ließ mich – im Gegensatz zu vielen anderen Therapien – entdecken, daß ich nicht bloß die Gesamtsumme meiner Probleme und psychologischen Prozesse bin. Es hat mich und meine Klienten zu Zeiten und zu Orten jenseits dieses Lebens und jenseits des Todes geführt. Schließlich hat es mein höheres Selbst und das meiner Klienten damit beschenkt, *vollständige Heilung* erfahren zu dürfen.

## »Parallelisierung« im therapeutischen Ablauf

Wenn meine Klienten ihre emotionellen Erlebnisse mit mir teilen, vollziehe ich unweigerlich ihre Situation in meinem eigenen psychischen Apparat nach. Nur so kann ich mitfühlen und be-greifen; nur so kann ich Lösungen anbieten und Drehbuchvorschläge machen. Mein eigenes Gefühlsleben ist dabei in Resonanz: Schmerz, Wut, Angst und Liebe hallen in mir wider. Das ist nicht immer angenehm.

Am Anfang habe ich all diese Gefühle aus den

Therapiesitzungen irgendwie zu verdauen versucht. Ich war oft müde und ausgebrannt.

Viele Klienten teilten Erlebnisse und Ereignisse mit mir, die mich lebhaft an eigene Situationen erinnerten. Ich sah mich plötzlich mit eigenen, ungelösten Problemen konfrontiert, die während meiner Ausbildung nie an die Reihe gekommen waren.

Jeder Klient bringt immer auch ein Stück Heilung für den Therapeuten mit, vorausgesetzt, daß dieser sein Bewußtsein offenhält und sich selbst gegenüber aufmerksam bleibt.

Schließlich fand ich einen Weg, mir zu helfen, wenn meine eigene Psyche sich mit den Erlebnissen meiner Klienten identifiziert und teilnimmt. Ich begann den Heilungsprozeß meiner Klienten auch für mich nutzbar zu machen und entwarf einen Prozeß, den ich PARALLELISIEREN nenne. In den letzten fünf Minuten einer Sitzung vollziehe ich in meiner eigenen Imagination und für mich selbst die Lösungen nach, die mein Klient gerade zu seiner Heilung inszeniert hat. Parallel zu seinen heilenden Erfahrungen gestalte ich die meinen.

So hatte beispielsweise Michael sich nie wirklich gegen seinen Vater durchgesetzt und im Kampf gegen ihn gewonnen. In jedem Vater-Sohn-Verhältnis muß aber der Moment kommen, in dem der Sohn über den Vater triumphiert, um so seine Identität als Erwachsener auszudrücken. Nachdem Michael mit meiner Hilfe eine grandiose Schlacht gegen seinen Vater inszeniert und gewonnen hatte, fühlte ich mich plötzlich verstört – ich hatte »nie selbst gegen meinen Vater geboxt«. Das habe ich an Ort und Stelle mit einem wunscherfüllenden Traum nachgeholt.

Anfänglich dachte ich, es sei für mich als Therapeut und meine Heilung ausreichend, die »wunscherfüllenden Videofilme« des Klienten gemeinsam mit ihm anzuschauen. Dann müßte es aber auch ausreichen, sich eine Festmahlzeit im Fernsehen anzusehen, um sich danach satt zu fühlen. Ohne PARALLELISIEREN findet jedoch in mir als Therapeut – dem Zuschauer – kein Heilungsprozeß statt.

# Imagineering-Übungsprogramme
## zur Selbstheilung

Erfahrung ist ein großer Lehrmeister. Daher habe ich hier einige meiner schönsten Meditationen, Übungen und Techniken zur Selbstheilung für Sie ausgesucht und beschrieben.

Mit Hilfe dieses Kapitels können Sie zum Ingenieur Ihrer Vorstellungskraft werden und Ihre Visionen zur eigenen Heilung einsetzen. Diesen Prozeß habe ich VISIONEERING getauft.

*Visioneering* ist das ideale Geschenk für all diejenigen, die von Krankheiten genesen oder ihnen zuvorkommen wollen.

*Visioneering* schafft eine neue Gattung von Patient.
Der »*horizontale* Patient«, der passiv im Bett liegt und oft willenlos alles mit sich geschehen läßt, soll der Vergangenheit angehören. Dem »*vertikalen* Patienten« gehört die Zukunft! Er wird sich im wahrsten Sinne des Wortes auf seine eigenen Beine stellen und *aktiv* seinen eigenen Heilungsprozeß *steuern*.

Meine eigene Genesung ist das beste Beispiel. Am Anfang meiner Krankheit, einer schweren Rückgratverletzung, lag ich in meinem Bett und fühlte mich als Opfer. Selbstmitleid,

Reue, Drama und Theatralik machten mir
und meiner Umgebung das Leben nicht gerade angenehm. Dann begann ich zu meditieren, erinnerte mich an autogenes Training
und begann, meine eigenen »geleiteten Phantasien« zusammenzustellen. Die Schwestern
im Krankenhaus zeigten sich hocherfreut
über meine gute Laune, die auch unter größten Schmerzen anhielt. Sie waren etwas erstaunt über Tonbänder, Kopfhörer, Schreib-
blöcke, Notizbücher und selbstgemachte Po-
ster, die meinen Nachttisch überschwemm-
ten. Je mehr ich meditierte, um so mehr nahm
dieses Buch Gestalt an. Mittlerweile ist es
mehr zum Produkt meiner Eingebungen als
meines gesammelten medizinischen und psychologischen Wissens geworden.

Zu Beginn dieses Buches beschrieb ich die
Stufen des Krankheitsprozesses – wie wir
verleugnen, verhandeln, wütend werden, in
Depression versinken. Wenn dann das Ärg-
ste vorüber ist, beginnt der *Heilungsprozeß.*
Auch er verläuft in den folgenden verschiedenen Phasen.

## 1. Voraussetzung für Entspannung und Meditation

Wenn *Entspannung* so einfach ist, warum haben wir dann so viel Probleme mit Streß?
Wenn *Meditation* so gut ist, bis hin zur
Selbstheilung, warum macht dann kaum jemand Gebrauch davon? Es schmeckt weder
bitter, noch kostet es etwas. Der Haken ist:

*Man kann nur meditieren, wenn man schon entspannt ist.*
Versuchen Sie zu meditieren, wenn Sie vor Wut kochen, Schmerzen Sie zu zerreißen drohen oder Sie vor Angst zittern..., und Sie verstehen, was ich meine!

Die Gesellschaft ist voller Widersprüche und verlangt von uns Unmögliches: Zwar sollen wir uns friedlich und entspannt betragen, aber die »negativen« Emotionen wie Angst, Wut oder Schmerz dürfen wir nirgends rauslassen.

Ist Ihnen auch schon aufgefallen, daß Krankenhäuser – besonders psychiatrische – Orte von größter Stille sind, obwohl sich doch gerade hier Agonie und Schmerz konzentrieren?

Die meisten organisierten Religionen sind voller Widersprüche und verlangen das Unmögliche: Zwar wird von Vergebung geredet, aber die »emotionelle Schadensregulierung«, die Rache, wird nicht erlaubt.

Haben Sie schon einmal versucht, zwei Kinder zu versöhnen, die sich gerade geprügelt haben? Haben sie sich nicht ganz schnell noch mal geknufft, sofort nachdem Sie sie Händchen schütteln ließen? Und war dieser letzte Knuff nicht die allerletzte Geste, um die Zwietracht loszulassen? Warum können Religionen, die Liebe predigen, nicht auch die Rache in diese Liebe mit einbeziehen? Dann wäre Rache wirklich süß und Vergebung so einfach!

Wir sind fähig, den doppelten Widerspruch um *Entspannung* und *Meditation* aufzulösen. Dazu werde ich den Begriff »Entspannung« neu definieren.
Fällt das Wort *Entspannung*, stellen sich die meisten von uns indische Yogis vor, die im Lotussitz Mantras summen.
Diese Form nenne ich PASSIVE ENTSPANNUNG.

Es gibt noch einen zweiten Weg zur *Entspannung*. Der ist für all diejenigen, die emotional geladen sind und bei denen ein Vulkan unter der Oberfläche brodelt. Die aufgestauten Emotionen rauszulassen, nenne ich AKTIVE ENTSPANNUNG.

Meine erste Begegnung mit dieser Form der *Entspannung* hatte ich durch eine nette alte Dame: Als sie hörte, daß ihr Sohn im Examen durchgefallen war, ging sie sehr gefaßt in den Keller – und zerschmiß ihre umfangreiche Sammlung leerer Flaschen. Als sie wieder zum Vorschein kam, war sie Ruhe und Freundlichkeit in Person.

Wenn bei Ihnen passive Entspannungs- und Meditationsübungen nicht funktionieren, sollten Sie vorher »Klarschiff« machen, das heißt: unerwünschte Ladungen abfließen lassen lehrt Lieben und Vergeben.

Die meisten Menschen weigern sich zu vergeben, weil sie nicht den Anfang machen wollen. Die meisten Menschen wissen nicht zu lieben, auch nicht sich selbst, weil sie Liebe von außen, von den anderen erwarten.

Die Instruktionen für die folgende Übung
stehen auf der *linken* Seite.

Kommentare, Erläuterungen und Erinne-
rungshilfen lesen Sie auf der *rechten* Seite. Sie
können vernachlässigt werden, nachdem Sie
Notiz von ihnen genommen haben.

## *Übung: »Klarschiff« (Version 1)*

*1. Schritt: Denken* Sie an alle
Menschen, die Sie ungerecht behandelt und verletzt haben. Wäh-
len Sie die Person aus, bei der Sie
die größte emotionelle Ladung
verspüren, und schreiben Sie auf
ein Stück Papier, was sie Ihnen
angetan hat.

*mentale Ebene*

Geheimnisse haben keine Macht,
wenn Sie sie offenlegen; das entspannt, denn Sie brauchen sie
nicht mehr zu bewachen.

*2. Schritt: Fühlen* Sie:
*a.* Alle *positiven* Emotionen, die
mit der Vergebung dieser Person
zusammenhängen: die Erleichterung, die Freiheit, neue Chancen,
neues Verständnis etc.
*b.* Alle *negativen* Emotionen, die
Sie hindern, dieser Person zu vergeben: wie sehr Sie sie hassen,
daß sie Ihre Vergebung nicht ver-
dient; fühlen Sie Ärger und Em-
pörung und wie sehr Sie im
Recht sind, sehen Sie sich als Opfer und wie gut und stolz sich das
anfühlt.

*e-motionale Ebene*

Lernen Sie, über Vergebung
nachzudenken. Machen Sie den
Anfang!

Beobachten Sie die negativen Gewohnheiten Ihres Ego und wie es
sich an Negativität labt: »Sich
schlecht fühlen ist prima.«

*3. Schritt:* Inszenieren Sie einen *letzten Racheakt* in Ihrer Phantasie: Seien Sie Regisseur, Drehbuchautor und alle Schauspieler in Ihrem »Videofilm«, produzieren Sie einen richtigen Thriller, und sparen Sie nicht mit Brutalität und Blut, spielen Sie all Ihre Reaktionen voll aus wie in der guten alten Zeit, bevor Sie das Wort »Vergebung« kannten, seien Sie der absolute Sieger, und fühlen Sie sich total zufriedengestellt.

*körperliche Ebene*

Stellen Sie den Wunsch Ihres Vierjährigen nach Rache (ein letztes Mal) zufrieden; diese Phase wird mit seiner zunehmenden Reife verschwinden. Handeln aus Re-Aktion.

*4. Schritt: Meditation.* Stellen Sie sich einen Wecker auf fünf bis fünfzehn Minuten, sitzen oder liegen Sie ganz still und beobachten Sie Ihre Atemzüge. Wenn es noch nicht klappt, wiederholen Sie die Inszenierung Ihrer letzten Rache (3. Schritt).

*spirituelle Ebene*

Schaltpause.

*5. Schritt: Freie Wahl. a.* Produzieren Sie einen »Videofilm«, in dem Sie Ihre Negativität gegenüber der Person in etwas Konstruktives verwandeln. Sehen Sie, wie Sie sich wieder vertragen. *b.* Sehen Sie, wie die Person erstaunt, aber erfreut auf Ihr Angebot eingeht. Hören Sie die Person etwas sagen, das Ihr Verständnis füreinander vertieft. *c.* Sprechen Sie hörbar den Satz aus: »Ich vergebe dir und lasse den Vorfall los. Ich gebrauche die freiwerdende Energie für meine Heilung!«

Handeln aus *freiem Willen* und *freier Wahl* mit *vollem Bewußtsein*.

Lassen Sie das Eis brechen.

Ver-geben heißt weggeben, heißt Last reduzieren.

Los-lassen vermindert muskuläre Spannungen.

*d.* Sprechen Sie anstelle Ihres früheren Gegners hörbar den Satz aus: »Ich vergebe dir und lasse den Vorfall los. Ich schenke dir die frei gewordene Energie für deine Heilung.«

*6. Schritt:* Gestatten Sie sich *Selbst-Vergebung*, schauen Sie in den Spiegel (in Ihrer Phantasie oder real), und hören Sie sich laut sagen: »Ich vergebe mir selbst für... und lasse den Vorfall los. Ich bin von jetzt an frei!«

Ende der *Selbst-Bestrafung*. Kein Grund mehr, sich selbst Schmerzen zuzufügen. Aufbauen des *Selbstwerts*.

*7. Schritt: Freudenfeuer und Integration.*
*a.* Verbrennen Sie das Stück Papier von 1., denn Flammen reinigen, erhöhen die Schwingungsfrequenz eines Objekts und sind so der schnellste Weg, um Negativität in kreative Energie zu verwandeln.

Integration ins tägliche Leben mit realen Personen.

Abb. 36: Flammen transformieren.

*b.* Schreiben Sie einen Brief, oder rufen sie die Person an und teilen ihr mit, daß Sie ihr vergeben haben. Sollte die Person verzogen oder gestorben sein, schreiben Sie einen Brief und übergeben ihn den Flammen.

*c* Genießen Sie die frische extra Energie, um noch aktiver und freudiger zu leben und zu heilen. Wiederholen Sie die Prozedur, bis alle Namen auf Ihrer Liste geklärt sind.

Beenden Sie Ihre *Isolation*, denn Isolation verursacht Schmerz!

Ihr Leben geht auf einer höheren Frequenz weiter.

Sollte Ihnen Version 1 von »Klarschiff« zu passiv sein, weil Sie das Temperament eines Rennpferdes besitzen, so versuchen Sie die folgende Methode, »Version 2«.

### Übung: »Klarschiff« (Version 2)

*1. Schritt:* Schaffen Sie sich einen Platz, an dem Sie sich unbeobachtet und unbelauscht fühlen. Stellen Sie den Wecker auf fünfzehn Minuten, und geben Sie sich das Versprechen, nicht vor der Zeit abzubrechen. Nehmen Sie ein großes Kissen und verpassen ihm die Abreibung seines Lebens – Knüppel oder ein alter Tennisschläger sind dabei gute Hilfen. Als einzige Grundregel gilt es zu beachten:
– verletzen Sie sich niemals,
– verletzen Sie niemals jemand anderen!

*2. Schritt:* »*Immer feste druff*« ist die Devise für die nächste Viertelstunde. – Atmen Sie mit jedem Schlag durch den Mund aus. Seien Sie nicht zimperlich, das Kissen gehörig zu beschimpfen und anzubrüllen. Ihr Kontrolleur, der Verstand, wird schon nach zwei Minuten aufhören wollen. Seien Sie unbesorgt, Sie haben genug Energie.

15 Minuten

Abb. 37: »Immer feste druff!«

*3. Schritt:* Halten Sie sofort an, wenn der Wecker schrillt. *Sprechen Sie zu dem Kissen,* und machen Sie es zum Symbol für die Person, Ihr Schicksal, Gott oder wen immer Sie für Ihr Unglück und Ihre Frustration verantwortlich machen wollen. Teilen Sie ihm Ihre Wut, Haß, Schmerz und Angst für zehn Minuten mit.

10 Minuten

*4. Schritt:* »*Der letzte Knuff*«. Erinnern Sie sich an die beiden Kin-

5 Minuten

144

der, die sich noch einmal hauen
mußten, bevor sie quitt waren.
Schlagen Sie noch einmal eine
Runde von fünf Minuten »feste
druff«. Lassen Sie in sich Gefühle
von Überwindung und Sieg auf-
kommen. Erledigen Sie, was Sie
zu erledigen haben, ein für allemal. Das sollte Sie mit Triumph
erfüllen.

5. *Schritt: Kommunikation.* Spre-    5 Minuten
chen Sie mit dem Kissen in ver-
söhnlicher Stimmung, betrachten
Sie das Problem von *beiden* Seiten. Inwiefern haben Sie mit zu
den Schwierigkeiten beigetragen?
Wieso sind Sie wieder mal das
Opfer?

6. *Schritt: Das Kissen antwortet*    5 Minuten
Ihnen ebenfalls voll guten Willens
zu Versöhnung und Vergebung.
Falls das Kissen negative Antworten gibt, schreiben Sie sie auf und
verbrennen sie später.

7. *Schritt:* Gewähren Sie zehn bis    10—20 Minuten
zwanzig Minuten *Stille.* Richten
Sie Ihre Aufmerksamkeit auf Ihre
Atmung, beobachten Sie Ihre Gedanken. Vertrauen Sie Ihrer Eingebung, und schreiben Sie nieder,
was Intuition und Inspiration Ihnen schenkt.

Nun sind Sie bereit für einen
wundervollen Tag!

Falls Sie zu früh abbrechen oder für den Fall, daß Sie die Grundregeln brechen und sich verletzt haben oder jemandem mit dem Knüppel wirklich zu Leibe rükken wollen: Halt! Suchen Sie einen guten Therapeuten, der Sie in Ihrer Katharsis leiten kann, jemanden, der in Bioenergetik, Urschrei- oder integrierender Atemtherapie ausgebildet ist.

Sollten Sie zu Hause keinen geeigneten Platz für Ihre Katharsis finden, Ihre Arme nicht frei gebrauchen können etc., dann probieren Sie »Version 3« von »Klarschiff«.

## *Übung: »Klarschiff« (Version 3)*

Steigen Sie in Ihr Auto, und suchen Sie eine verlassene Landstraße. Halten Sie an, kurbeln Sie die Scheiben hoch, und brüllen und schreien und schimpfen Sie für die nächsten fünfzehn Minuten, was das Zeug hält.
Dem folgen die Instruktionen der Version 2 ab 3.

## 2. Das Bewußtsein des Heilers

»Physiologie folgt dem Denken«, ist der Leitsatz des *Imagineering*. Unser Körper drückt auf der physischen Ebene die Inhalte unseres Bewußtseins aus. In unserem Gehirn wird eine »Miniatur-Blaupause« eines jeden Körperteils, komplett mit Schaltplänen etc., sorgfältig aufbewahrt. Sie ist jedoch *lebendig,* Organ und »Blaupause« beeinflussen sich gegenseitig.

Die ALLOPATHISCHE MEDIZIN zielt auf die Heilung des einzelnen Körperteils oder -systems. Sie arbeitet sozusagen *von unten nach oben* und hofft, daß unser Gehirn schon irgendwie die Nachricht mitbekommt, wenn das Organ geheilt ist.

Darum ist für *allopathische* Heilung ZEIT notwendig (»Patient« kommt von Geduld).

*Heilung durch Imagineering ist direkt und bedarf keiner Zeit.*

Die »Blaupause« im Gehirn wird verändert, Kurzschlüsse beseitigt und Fehler ausradiert. Wenn die *Imagineering*-Übung abgelaufen ist, hat Heilung stattgefunden. Schmerzen verschwinden von einem Moment zum anderen, der Blutdruck normalisiert sich noch während der Sitzung, Herzflattern hört auf etc. Nur wenn die Organe selbst schwer geschädigt sind, tritt ein Zeitfaktor auf. *Imagineering* arbeitet *von oben nach unten,* visiert nur das Zielorgan an und vermeidet so Nebenwirkungen.

*Imagineering* zeigt keinerlei Vorliebe für die eine oder andere Medizin.
Allopathie, Homöopathie, Akupunktur etc., sie alle würden schnellere und effektivere Ergebnisse erzielen, wenn sie ihre Maßnahmen mit *Imagineering* vorbereiten, begleiten und nachsorgen würden.

Bei mir beginnt der Heilungsprozeß schon im Wartezimmer des jeweiligen Doktors. Während die anderen in Zeitschriften blättern oder sich langweilen, wende ich mein *Imagineering* an und sage mir innerlich: »Mein Körper und ich werden die Behandlung begeistert annehmen, nachdem wir uns überzeugt haben, daß sie notwendig und hilfreich für uns ist, denn jede Hand, die mit mir in Kontakt kommt, ist eine heilende Hand und wird mir bei meiner Wiederherstellung hilfreich sein.«
Zahnarztbehandlungen sind mir ein Greuel. Zu meinem Schrecken bemerkte ich bei meinem letzten Besuch, daß mein Zahnarzt und seine Helferin an diesem Tag überhaupt nicht miteinander harmonierten. Ich kroch noch tiefer in den Stuhl, was natürlich nicht half. Da begann ich zu meditieren, umgab uns alle mit goldenem Licht und hatte schließlich die Idee, eine Bemerkung zu machen, der jeder von uns zustimmen konnte. Damit war das Eis gebrochen; wir lachten, redeten, und in kürzester Zeit war die Behandlung abgeschlossen.

Die folgende Übung ist für all diejenigen, die an Krankheiten leiden und ein Organ oder Körperteil heilen wollen.

## Übung: Heilung eines kranken Organs*

Sitzen oder liegen Sie in einer bequemen Haltung. Schließen Sie die Augen. Entspannen Sie den Kiefer, und öffnen Sie den Mund. Atmen Sie durch den geöffneten Mund in dreigeteiltem Rhythmus:
– tief ein (Brustkorb hebt sich),
– tief aus (mit hörbarem Seufzer),
– Pause (fünf Herzschläge lang).
Stellen Sie sich vor, Sie steigen mit jedem Atemzug eine Treppenstufe in die Entspannung hinab. Zählen Sie dabei rückwärts von zehn bis eins.

Sie sehen die Sonne über Ihrem Kopf aufgehen. Sie sehen ihr weißgoldenes Licht und spüren ihre energiegeladenen Strahlen warm und lebenspendend auf Ihrer Haut. Beim nächsten Atemzug sehen Sie, daß das Innere Ihres Kopfes voller Sonnenschein ist. Sie füllen Ihre Lungen mit einer Flut goldenen Sonnenlichts. Ihr Herz beginnt sich zu erwärmen und zu glühen; es pumpt lebenspendendes, energiegeladenes Blut in all Ihre Körperteile:

Weiß = alle Farben des Spektrums.
Gold = heilendes Element.

Lernen Sie, sich zu versorgen und zu nähren, und fühlen Sie, es wert zu sein.

* Diese Übung ist unter dem Titel »7 × 7 Stufen psychosomatischer Heilung« als Tonbandkassette erhältlich; siehe Seite 184.

– in Arme und Schultern,
– in Bauch und Becken,
– in Gesäß, Anus und Geschlechtsteile,
– in Ober-, Unterschenkel und Füße.

In Ihrer Vorstellung machen Sie eine Skizze Ihres Körpers und bemalen ihn mit strahlend goldener Farbe. Ihr Körper glüht mit Licht und Lebenskraft.

Sie entschließen sich, welches Ihrer Organe oder Körperteile *heute* Ihre größte Aufmerksamkeit verlangt.

*1. Schritt: Heilung auf allen Ebenen.*

Sie umgeben dieses Organ mit einem Strahlenkranz goldenen Lichts und der liebevollen Wärme von Mutter Sonne. Sie loben das Organ; es hat sich unter den schwierigen Umständen tapfer gehalten! Sie sprechen anerkennend und freundlich zu ihm und zeigen ihm Ihre Zärtlichkeit. – Was Ihr kranker Körperteil am meisten braucht, ist Liebe!

Sie fertigen in Ihrem Gehirn eine Skizze des erkrankten Körperteiles an. Sie nennen das Organ laut beim Namen, zählen seine gesunden Funktionen auf, beschreiben seine normale Größe, fühlen es reichlich durchblutet und wohl ernährt, bemerken, wie es Sauerstoff aufnimmt und Flüssigkeit und Vitamine absorbiert.

I. *Körperliche Ebene.*

Sie spüren das Organ in seiner gewohnten Umgebung und in seiner gesunden Form, spüren, wie glücklich, lebendig und froh es ist, wenn Sie ihm Ihre ungeteilte Aufmerksamkeit schenken, lassen es vor Freude überfließen wie ein Kleinkind, das seine verlorengeglaubten Eltern wiederfindet, stellen sich eine solche Wiedersehenszene lebhaft vor, umarmen das Kind und halten es sorgfältig fest, sprechen zu ihm in Kindersprache, während Sie es streicheln.

Sie finden den verkleinerten Bauplan des Organs mitsamt den Schaltplänen auf einer »Blaupause« in Ihrem Gehirn. Sie werden Ingenieur und reparieren die Kurzschlüsse, defekten Kabel und Schaltungen gewissenhaft, gekonnt und liebevoll. Als Ingenieur führen Sie einige Tests und Probeläufe durch, bevor Sie dem Organ wieder grünes Licht geben und ihm die große Neuigkeit seiner Reparatur mitteilen.

Das Energieniveau des Organs hebt sich. Es summt wie ein Generator, sprüht Funken und strömt wie geschmolzenes Gold. Jeder tiefe Atemzug facht den »Hochofen« zu neuen Temperaturrekorden an: Alles Kranke verbrennt. Das Organ wird leuchtend, durchsichtig, kristallklar und lupenrein. Es beginnt zu

## II. *Emotionale Ebene.*

## III. *Mentale Ebene.*

## IV. *Energetische Ebene.*

glühen und strahlt in einem Umkreis von mindestens 10 Zentimetern. Der leuchtende Umriß Ihres Organs entpuppt sich als seine »Lichtgestalt«; eine für Sie bisher unsichtbare und unbekannte Erscheinungsform. Das physische Organ breitet sich aus und verschmilzt mit dem »Lichtorgan« auf einer höheren Frequenz. Die »Lichtgestalt« ist das Organ in seinem konservierten Zustand: immer gesund, immer jung, voller Lebenskraft und ewig lebendig. Wie durch einen Jungbrunnen wird Ihr physisches Organ erneuert, verjüngt und gestärkt!

Sie werden zum Wissenschaftler, der in die molekulare und atomare Ebene des Organs hineinsieht: Jede einzelne Zelle formt sich aus Myriaden von vibrierenden Atomen, in jedem Atom kreisen Elektronen geschäftig um den Kern, die Zwischenräume zwischen den Atomen, Elektronen und Kernen werden nun von kristallklarem Licht durchflutet. Wie ein Wirbelwind absorbieren die Lichtstrahlen alle überflüssigen negativen Ladungen. Sie sehen, wie die Atome in einem harmonischen Rhythmus umeinander zu tanzen beginnen. Sie sind entzückt und voll Freude.

Welche wichtige Rolle spielt Ihr Organ, Ihre Seele auf diesem Planeten, um Ihren Körper funk-

V. *Atomare Ebene.*

VI. *Spirituelle Ebene.*

tionsfähig zu halten? Sie lauschen auf das Wispern Ihrer inneren Stimme in der Entspannung: »Jede Krankheit ist eine Heilung unterwegs; Leben und Heilen sind zwei Seiten einer Münze, die Natur will auch mich erhalten; meine Seele wird mich und das heilende Organ niemals abschreiben! Ich bin mehr als die Gesamtsumme meiner Teile.«

Sie fühlen, wie Sie mit allumfassender Liebe vollaufen, mit unendlicher Stärke und »kosmischem Wohlwollen«. Sie fühlen, wie Liebreiz und Anmut in Ihren Körper zurückkehren. Sie schließen die Existenz einer göttlichen Energie nicht aus und stellen sich eine moderne Dreieinigkeit vor: »Vater-/Mutter-Gott und alles, was ist«. Sie werden sich bewußt, daß auch Sie Ausdruck dieses allumfassenden Prinzips sind. Sie lassen Ihre Alltag-Person expandieren und teilhaben an etwas, das ihre Grenzen überschreitet. Sie fühlen Ihr heilendes Organ an dieser Expansion teilnehmen. Es empfängt die Anteilnahme und Liebe der großen Einheit von »Vater-/Mutter-Gott und allem, was ist«.

2. *Schritt: Vergebung.*

Sie bitten Ihr heilendes Organ um Verzeihung. Es wird Ihnen vergeben, daß Sie Ihre Spannungen, unbedachten Lebensweisen und

VII. *Metaphysische Ebene.*

Die Alchimie des weiblichen und männlichen Prinzips und ihre Summe, die größer ist als beide Teile.

unverdauten Emotionen auf es abgeladen haben. Sie sagen laut zu Ihrem Organ: »Es tut mir leid, und ich bitte um Verzeihung!« – Sie fühlen, es hat Ihnen vergeben. Die unnötigen Spannungen sind damit entlassen. Ihr Immunsystem kann jetzt seine gesamte Kapazität für Ihre Heilung einsetzen.

*3. Schritt: Selbst-Vergebung.*

Sie sehen in einen Spiegel (wenn Sie aufstehen können, schauen Sie bitte in einen richtigen Spiegel), schauen sich in die Augen, verzeihen sich selbst und hören sich laut sagen: »Ich vergebe mir und verzeihe mir für den Schaden, den ich mir selbst zugefügt habe.«

*4. Schritt: Sie sind Ihr bester und treuester Heiler.*

Sie sehen eine »heilende Hand« aus transparenten goldenen Lichtpartikeln und erkennen Ihre eigene Hand darin. Sie berührt alle kranken Zellen und Gewebe und entfernt alles, was zerstört und abgestorben ist. Die Hand sendet die toten Elemente zurück ins Licht, wo sie sich in Lebenskraft verwandeln. Leidende und geschädigte Zellen überzieht die Hand mit einer lindernden Schicht von »goldenem Honig.« Wie wohltuend! – Alle überlebenden Zellen erwachen wie aus einem Dornröschenschlaf und färben sich rosa wie neugeborene

Babies. Ihre Hand hinterläßt das Organ in Topform!

*5. Schritt: Fortdauernde Kommunikation.*

Sie installieren einen »heißen Draht« zwischen dem Organ und seinem Repräsentationsort im Gehirn. Von jetzt an wird ein ständiger Informationsaustausch zwischen den beiden stattfinden. Die »Blaupause« selbst entläßt nun alle Spannung, Furcht und Aufregung in Verband mit der Erkrankung. Dieser Teil des Gehirns ist gesund, lebendig, voller Stärke und Lebenskraft. Der »heiße Draht« wird zukünftigen Zusammenbrüchen vorbeugen.

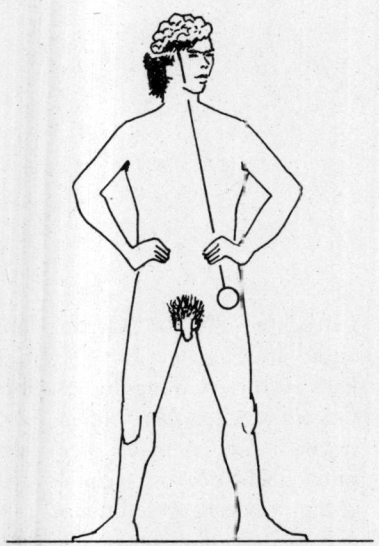

Abb. 38: Der »heiße Draht«.

*6. Schritt: Lachen ist die beste Medizin.*

Sie lachen dem geheilten Organ freudig zu. Sie »sehen«, wie sich ein phänomenales Grinsen über das von jetzt an gesunde Organ ausbreitet.

Von jetzt an werden Sie sich beide mehrmals am Tag anlachen!

*7. Schritt: Affirmationen und Bekräftigungen.*

Sie komponieren mindestens drei Affirmationen, mit denen Sie das bekräftigen, bezeugen und in Ihre Erinnerung einritzen, was sich *heute* an Genesung in Ihnen abgespielt hat. Damit sichern Sie sich eine gesunde Zukunft:

– »Mein(e)... ist von jetzt an gesund, voll funktionsfähig, voller Lebenskraft und überfließend mit Humor und Freude!«

– »Von jetzt an erlaube ich nur noch Liebe, Zärtlichkeit und Sonnenschein in mein(e)...!«

– »Mein(e)... ist in ständiger Beziehung zu seinen/ihren übergeordneten Schaltstellen in Gehirn und anderen höheren Ebenen.«

Betrachten Sie das Organ von Stund an als geheilt.

Falls Sie diese Übung für dasselbe Organ wiederholen wollen, betrachten Sie es nicht mehr als krank. Sehen Sie es vielmehr als völlig wiederhergestellt, und fügen Sie *lediglich mehr Heilung hinzu!*

Es bleibt Ihnen überlassen, diese
Übung nach Ihren Bedürfnissen
zu kürzen oder abzuwandeln.

## 3. Der Abbau von Streß

Streß wird gesundheitlich erst dann gefähr-
lich, wenn wir den Herausforderungen des
Lebens nicht mehr gewachsen sind, von ihnen überwältigt werden und die Kontrolle
verlieren.

Ohnmacht erzeugt (Lebens-)Angst.
Angst vor der Angst beschwört Panik, die
unser physiologisches Gleichgewicht zerstört und alle Warnknöpfe zugleich drückt.
Das Resultat: Chaos. In solchen Fällen muß
erst einmal für Entwarnung gesorgt werden.

### *Übung: Entspannen durch Atmen*

Atmen wir heftig, weil wir erregt
sind, oder sind wir erregt, weil
wir heftig atmen? – Ich will hier
auf den Streit, was zuerst da war,
nicht weiter eingehen. Lassen Sie
uns statt dessen daraus lernen:

*Die* ATMUNG *verbindet unsere
Gedanken mit unseren Gefühlen.*
Sie ist der *Angelpunkt,* an dem
Entspannung bequem ansetzen
kann.

Sie müssen lediglich Ihre *Aufmerksamkeit* von den uner-

*1. Schritt:* Stellen Sie Ihren Wekker auf 15, 30 oder 60 Minuten (je länger, desto besser). Finden Sie einen bequemen Sitzplatz. Schließen Sie die Augen. Atmen Sie durch den *geöffneten* Mund.

*2. Schritt:* Werden Sie zum *Beobachter Ihrer Atmung.* Beobachten Sie, wie der Strom der Atemluft hereinkommt, hinausgeht und pausiert (drei bis fünf Herzschläge).

wünschten Gedanken und Gefühlen abziehen und sie auf Ihre Atmung konzentrieren. Das geht folgendermaßen:

Diese Übung bedarf keiner Anstrengung. Sie brauchen die Luft weder anzuhalten noch auszupressen. Ihre einzige Aktivität ist Beobachten. Ihr Bewußtsein geht parallel zur Atmung mit. Seien Sie unbesorgt, wenn Ihre Aufmerksamkeit durch tausend Alltagsdinge abgelenkt zu werden droht. Sobald Sie es bemerken, kehren Sie mit Ihrer Aufmerksamkeit zur Atmung zurück.

Sollten Ihnen starke Gefühle in die Quere kommen, wie zum Beispiel Wut, so sagen Sie halblaut und so unbeteiligt wie möglich zweimal: »Wut, Wut.« Empfinden Sie die Wut als zu überwältigend, schlage ich Ihnen vor, zum nächstmöglichen Zeitpunkt die Übung »Klarschiff« (Version 1) auf Seite 140 zu machen.

Wenn Sie einmal begriffen haben, um was es bei der *Atemmeditation* geht, können Sie sie überall mitten im Alltagsleben anwenden: während Sie auf den Bus warten, in der Schlange beim Metzger, beim Frisör, zum Einschlafen etc., etc.

Zählen Sie dabei jeden Atemzug anfänglich mit, zählen Sie rückwärts von 50 (oder 20) nach eins, falls Sie den Faden verlieren sollten, kehren Sie zu der Zahl zurück, bei der Sie »ausgestiegen« sind, und zählen weiter.

Stellen Sie sich dabei vor, wie Sie mit jedem Einatmen Gesundheit in sich hineinlassen und sich im Hier und Jetzt befinden; mit jedem Ausatmen entlassen Sie Ihre Vergangenheit und alles Kranke.

## Übung: Den Verstand in das Herz sinken lassen*

Setzen oder legen Sie sich bequem hin. Entspannen Sie Ihren Kiefer, öffnen Sie den Mund, und beginnen Sie, tief durch den Mund zu atmen im dreigeteilten Rhythmus von

– tief ein (Brustkorb hebt sich),
– tief aus (mit hörbarem Seufzer),
– Pause (drei bis fünf Herzschläge lang).

*Nasenatmung* beschleunigt den Verstand, *Mundatmung* öffnet Lungen und Herz.

---

* Diese Übung ist unter dem Titel »Laß den Verstand in dein Herz sinken« als Tonbandkassette erhältlich; siehe Seite 184.

Nehmen Sie sich Zeit, bis Sie den Rhythmus gefunden haben. Dann zählen Sie von zehn rückwärts nach eins und sehen sich mit jeder Ziffer eine Treppenstufe tiefer in die Entspannung hinabsteigen. Bei eins angekommen, verharren Sie so lange, bis Sie sich gelockert und ruhiger fühlen. Halten Sie Ihre Augen geschlossen.

*Brustatmung* entspannt das Zwerchfell.

*1. Schritt:* Sie sehen jetzt, wie die Sonne über Ihrem Kopf aufgeht. Sie spüren ihr warmes, *goldenes* Licht und sind berührt von der Kraft und Stärke ihrer glänzend *weißen* Strahlen. Ihre tiefen Atemzüge fluten in Ihre rechte/ linke Lunge mit strahlendem, energetischem und schillerndem Sonnenschein.

Stellen Sie sich vor, ein Nebel aus Goldpartikeln tapeziert die Innenwände Ihrer Lungen. Die goldenen Teilchen werden absorbiert und konzentrieren sich millionenfach in Ihrem Herzen, das sich erwärmt und zu glühen beginnt. Das so gestärkte und genährte Herz pumpt jetzt die eingefangenen Sonnenstrahlen in alle Körperteile:

Überschreiten Sie die Grenzen der »normalen« Vorstellungskraft.

Sauerstoff ist durch Chlorophyll transformierte Sonnenenergie.

*2. Schritt:* Die Hauptschlagader führt vom Herzen weg und sendet eine fingerdicke Arterie in die linke Hälfte Ihres Halses.

Sie sehen, spüren und fühlen, wie sich ein warmer Lichtstrom in Ihre linke Halsseite ergießt, hochgepumpt wird in Ihr linkes Kinn, Ihre linke Unterlippe, Ihre linke Oberlippe; Ihre Zähne. Ihre linke Wange kribbelt von all dem extra Sauerstoff. Ihre linke Nasenhälfte und ihre Nebenhöhlen nehmen das Licht wahr und expandieren.

Schalten Sie Ihr Bewußtsein von Denken auf Fühlen und Empfinden um.

Die goldene Woge überschwemmt nun Ihr linkes Auge; Ihr linker Augapfel dehnt sich aus, bis er nicht mehr in die Augenhöhle paßt. Der Trichter der nun offenen linken Augenhöhle empfängt die gleißend warme Flut und leitet sie, den Sehnerv entlang, bis zur linken Hemisphäre Ihres Gehirns. Ihre *linke Hemisphäre* trinkt das Licht in großen Zügen, denn sie ist durstig wie ein ausgetrockneter Badeschwamm. Sie schwillt an, ihre Konsistenz wird weich und formbar, sie dehnt sich aus wie eine Wolke, die jenseits aller knöchernen Begrenzungen reicht.

Expansion

Expansion

Hochspannung wird runtertransformiert.

Expansion

Sie fühlen sich weit, unendlich und frei!

*3. Schritt:* Die Nervenimpulse der *linken Hemisphäre* kreuzen über auf die *rechte Körperseite.*
Seit Ihre *linke Hemisphäre* ausgedehnt und entspannt ist, kann

*Polarisation:* Das heißt, der rechte Arm wird von der linken Hemisphäre gesteuert etc.

Ihre *rechte Körperhälfte* alle
Spannungen abfließen lassen.
Dort öffnen sich die Blutgefäße,
lockern sich alle Muskeln und
verlieren die Nerven ihre An-
spannung. Daher können Sie jetzt
wahrnehmen, wie sich Ihre rechte
Seite warm, schwer und ausgedehnt anfühlt.

Das Gefühl von Wärme, Schwere
und Ausdehnung erreicht Ihre
rechte Schulter, Arm, Hand,
Rücken und Wirbelsäule, Bauch
und Becken, Gesäß, Anus und
Geschlechtsteile, rechtes Bein
und rechten Fuß.

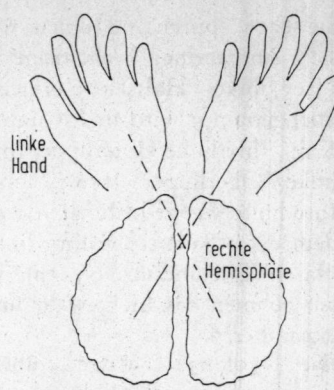

Abb. 39: Polarisation.

Ihre *linke Hemisphäre* und Ihre
*rechte Seite* befinden sich in
Übereinstimmung, lebhaftem
Austausch und Harmonie miteinander.

*4. Schritt:* Konzentrieren Sie Ihre
Wahrnehmung wieder auf Ihre
*Atmung,* und atmen Sie durch den
geöffneten Mund, bis Sie den zu-
vor beschriebenen dreiteiligen
Rhythmus wiederfinden.

Sie sehen Ihre Lungen gefüllt mit
goldenen Tautropfen. Sie fühlen
Ihr Herz gestärkt und belebt
durch schimmerndes Licht. Sie
spüren Ihr Herz Wärme und
Liebe ausstrahlen. Sie bemerken
Ihren Herzschlag. Ihr Herz sendet einen warmen Strom flüssi-
gen Lichts durch die Haupt-

schlagader hinauf in Ihre rechte Halshälfte.

Die Welle warmen Lichts erreicht Ihr rechtes Kinn, Ihre rechte Unterlippe, den rechten Mundwinkel, Ihre rechte Oberlippe und Ihre Zähne. Das Licht umspült Ihre rechte Wange, Ihre rechte Nasenhälfte und die Nebenhöhlen; alles weitet sich aus.

Die Flut goldenen Lichts erreicht nun Ihr rechtes Auge. Ihr rechter Augapfel schwillt an und dehnt sich aus, über die Grenzen der Augenhöhle hinaus.

Expansion

Ein Wasserfall warmen Sonnenscheins ergießt sich in die Augenhöhle, bis er die *rechte Hemisphäre* Ihres Gehirns erreicht. Diese ist ausgetrocknet wie ein alter Badeschwamm und lechzt nach Flüssigkeit! Ihre *rechte Hemisphäre* saugt das flüssige Licht begierig auf, schwillt an, wird weich und knetbar, größer und größer und breitet sich schließlich aus wie eine Dampfwolke, die alle knöchernen Umrisse des Schädels bei weitem übertrifft. Die elektrischen und biologischen Vorgänge in der *rechten Hemisphäre* beruhigen und verlangsamen sich.

Expansion

Ins Unendliche reichen

5. *Schritt:* Die Nervenimpulse der *rechten Hemisphäre* kreuzen über auf Ihre *linke Körperhälfte*. Ihre

Polarisation

*rechte Hemisphäre* ist ruhig und friedvoll, und Sie lassen jetzt alle Spannungen aus der linken Körperhälfte abfließen. Sie fühlen Ihre linke Seite jetzt als warm, schwer, weit. Sie stellen sich Ihre Körperteile vor und empfinden, wie Ihre linke Schulter, Arm und Hand, Rücken und Wirbelsäule, Bauch und Becken, Gesäß, Anus und Geschlechtsteile, linker Ober-, Unterschenkel und Fuß warm, schwer und weit werden. Ihre *linke Seite* meldet der *rechten Hemisphäre,* daß sie sich zutiefst entspannt hat.

*6. Schritt:* Die *linke* und *rechte Hemisphäre* Ihres Gehirns sind nun unbeschäftigt, still und leer. Die *rechte* und *linke Seite* Ihres Körpers sind jetzt warm, schwer und entspannt.

Synthese, Balance und Ganzheit.

All Ihre Körperteile und inneren Organe stehen zueinander in guter Beziehung und funktionieren harmonisch.
Sie fühlen sich rundherum wohl.

Affirmation

*Das aktive Zentrum Ihres Körpers ist von nun an Ihr Herz.*
Alle angelernten Gedankengänge und Ihre Erinnerung nehmen für einen Moment Urlaub und haben sich dem Rhythmus Ihres Herzens untergeordnet.
*Lassen Sie Ihren Verstand in Ihr Herz sinken!*

Domänenumschwung jenseits des Alltagsverstandes.

Aller Zwiespalt und alle Dualität lösen sich auf. Ihr inneres Kind und Ihr Erwachsener befreunden sich und helfen einander. Sie fühlen Freude, Entspannung und Glück. Sie beschützen einander und fühlen sich miteinander sicher.
*Sie lassen Ihren Verstand in Ihr Herz sinken.*

Abb. 40: Lassen Sie Ihren Verstand in Ihr Herz sinken!

Ihr Herz wird nun zum Empfänger Ihrer Inspiration und Intuition. Sie öffnen sich und sind willens zu hören und zuzuhören:
»Was ist meine Botschaft?«
»Was ist mein Geschenk?«
*Lassen Sie Ihren Verstand in Ihr Herz sinken!*
Lassen Sie sich treiben, und achten Sie auf die erste Antwort, die zu Ihnen kommt.
Falls Sie momentan keine Antwort bekommen, erwarten Sie, daß Sie sie im Schlaf oder in anderen Momenten der Entspannung erhalten.

Kontakt mit unserer Spiritualität und höherem Selbst.

*7. Schritt:* Sie festigen hiermit Ihren *Beschluß,* diesen Zustand von Entspannung und erhöhtem Bewußtsein so lange wie möglich zu erhalten.
Sie umgeben sich von nun an mit Menschen, die Entspannung und

Affirmation

Bewußtheit in Ihnen fördern.
Sie suchen nur noch Situationen
auf, die Ihrer Entspannung und
Ihrer Gesundheit dienlich sind.

> Dies ist ein komplettes Beispiel
> einer Entspannungsübung. Nach
> diesem Vorbild können Sie sich
> Ihre eigenen entwerfen.

## 4. Schmerzen richtig verstehen

*Schmerzen bestehen als solche nicht; sie sind
eine* PROJEKTION!

> Wenn ich mir in den linken Finger schneide,
> sendet er Nervenimpulse zur rechten Hemi-
> sphäre. Dort werden die Signale entschlüs-
> selt, als Schmerz wahrgenommen und in/auf
> den Finger zurückprojiziert. Erinnern Sie
> sich, der Finger ist als Blaupause im Gehirn
> repräsentiert.

Geleitete Phantasien können an der Projektion des Schmerzes ansetzen und kuppeln ihn
einfach ab.
Unser *negatives Urteil* über Schmerz: Wir
fühlen uns un-wohl.

> Deshalb erklären wir ihn zum Feind und »be-
> kämpfen« ihn mit Schmerz-Killern!

Unser *positives Urteil* über Schmerz: Er
kommt als warnender Botschafter und Vor-
läufer von Krankheit. Er ist nicht die Krankheit selber.

166

*Schmerz* ist eine Art Telegramm. Es ist eine Mikrokapsel voller Nachrichten. Nur wenn die Botschaft des Schmerzes von uns verstanden wird, können wir die projizierte Energie hinter dem Schmerz wieder zurücksenden zum Ausgangspunkt. Dort wird sie dann verwandelt in *Kreativität*.

## Übung: Schmerzen abkuppeln

*1. Schritt:* Setzen oder legen Sie sich bequem hin, schließen Sie die Augen, und entspannen Sie den Kiefer. Atmen Sie durch den geöffneten Mund im dreigeteilten Rhythmus.
Sie beginnen mit einer Bestandsaufnahme aller schmerzenden Körperteile und sagen halblaut ihre Namen: ...
Sie sehen zehn Treppenstufen, die hinunterführen in Entspannung und Schmerzfreiheit. Mit jedem tiefen Atemzug steigen Sie eine Stufe hinab – und erreichen die geräumige Eingangshalle eines Bürogebäudes.
Die Halle hat viele Türen. Jede Tür trägt ein Namensschild für jedes Ihrer Organe. Über jeder Tür meldet ein rotes oder grünes Licht, in welchem Zustand es sich befindet.

*2. Schritt:* Sie finden die Tür zu dem Körperteil, der Ihnen am meisten weh tut. Sie betreten den

Entspannung

Besuch bei der Blaupause.

Raum, finden einen Aktenordner, der wie Ihre Gesundheitsakte aussieht. Sie wissen, daß Sie die Botschaft Ihres Schmerzes auf der ersten Blattseite finden werden, sobald Sie den Deckel öffnen. Sie nehmen einen tiefen Atemzug und sagen halblaut: »Ich bin willens, die Nachricht zu empfangen, die mein Schmerz für mich bereithält.«

Sie nehmen einen weiteren Atemzug und öffnen den Ordner und achten auf die allererste Nachricht, die Ihnen ins Bewußtsein kommt.

Vertrauen Sie Ihrer Inspiration und Ihren intuitiven Fähigkeiten, Ihrer Eingebung.

Sollte die Botschaft in diesem Moment nicht durchkommen, so stellen Sie sich vor, daß Sie sie zum nächstmöglichen Zeitpunkt erhalten, wenn Sie am wenigsten darauf warten.

*3. Schritt:* Sie danken Ihrer Inspiration und Intuition für die Mitteilungen. Sie bedanken sich beim Schmerz und loben ihn, weil er Ihre Aufmerksamkeit erfolgreich geweckt hat. Nun, da er seine Mission voll erfüllt hat, kann er unbesorgt zurückkehren zu dem Ort, von wo er gekommen ist. Dieselbe Energieladung kann nun konstruktiv verwendet werden.

Kämpfen Sie nie mit dem Schmerz!

Sprechen Sie mit halblauter Stimme zu dem Schmerz: »Ich entlasse dich aus meinem… und sende dich zum Platz deines Ur-

Transformation der Schmerzenergie in Kreativität.

sprungs zurück, wo du in kreative Energie verwandelt wirst.«

*4. Schritt:* In dem Moment, in dem Sie den Raum verlassen und die Tür hinter Ihnen ins Schloß fällt, bemerken Sie, wie der Schmerz nachläßt und verschwindet.
Sie schalten das rote Licht an der Tür aus. – Sowie das rote Licht verlöscht, gibt der Körper Entwarnung, und der Alarmzustand wird aufgehoben.
Sobald Sie das grüne Licht einschalten, durchströmen Liebe, Freude und Stärke Ihren Körper und all seine Organe.

Heilung immer im Hier und Jetzt.

Affirmation

Falls der Schmerz andauern sollte, fragen Sie, ob noch weitere Nachrichten für Sie vorhanden sind. Vielleicht brauchen Sie die Übung »Klarschiff« (Version 1) auf Seite 140.
Ein schwer geschädigtes Organ läßt den Schmerz etwas langsamer abfließen.

## 5. Präventive Maßnahmen beugen Krankheit vor

Die Chinesen pflegten ihre Akupunkteure nur so lange zu bezahlen, wie sie gesund blieben, denn die Akupunktur ist hauptsächlich eine vorbeugende Heilkunde.

Viele meiner Klienten machen treu und brav
ihre Übungen, solange ihnen noch etwas weh
tut oder sie sich unwohl fühlen. Sobald es ihnen besser geht, vernachlässigen sie es, aktiv
an der eigenen Heilung teilzunehmen.

> Sie sind wie Eltern, die nur dann mit ihrem
> Kind spielen und ihm Zeit gönnen, wenn das
> Kleine unglücklich ist und brüllt. Sie erzie-
> hen sich einen kleinen Masochisten, der
> Schmerz und Liebe untrennbar miteinander
> verwebt und lebenslang Krankheit benötigen
> wird.

Gesundheit ist eine lebenslange und andauernde Verbindung mit den eigenen heilenden
Kräften.
*Wir heilen uns ständig.*
Wenn wir krank werden, dann waren die heilenden Kräfte zu langsam und schwach und
haben sich überrunden lassen.
Die Wippe von Krankheit *oder* Heilung hat
einen Drehpunkt: die PRÄVENTION!

> Ich möchte Ihnen jetzt meine persönliche,
> tägliche Übung mitteilen, die mir hilft, auf al-
> len Ebenen meiner Existenz gesund zu blei-
> ben.

### *Übung: »Goldenes Licht«*

Sie wissen, daß alles, was Sie sich
vorstellen, sich in der Wirklichkeit manifestieren wird, denn das
ist ein Naturgesetz.

*1. Schritt:* Sie sehen die Sonne
über Ihrem Kopf aufgehen. Die

goldene Sonnenscheibe über-
schüttet Sie mit Lebenskraft,
Energie und Wärme. Ihr weißes
gleißendes Licht enthält alle Farben des Regenbogens.

Mit dem ersten tiefen Atemzug
empfangen Sie die konzentrierte
Kraft des Sonnenscheins in Ihrem
Kopf. Von dort lassen Sie eine
Kaskade gleißenden Lichts all
Ihre Körperteile überfluten. Ihre
Poren empfangen die Wärme und
Kraft der Sonnenstrahlen. Ihre
Zellen sind wie Knospen, die sich
zur Sonne hinwenden, sich öff-
nen, um in der Lichtenergie zu
baden.

Sie sehen sich selbst ausgedehnt
durch Ihre innere intensive Strahlung von Licht und Wärme. Ihre
Umrisse verlieren ihre scharfen
Grenzen, und Sie fühlen sich umgeben von einem »Raumanzug
aus goldenem Licht«.

**Körperliche Expansion.**

Die Grenzen Ihres Verstandes
haben sich durch Wärme und
Strahlung ausgeweitet. Sie nehmen eine andere Wirklichkeit
wahr, verschieden von der, die
Ihr Alltagsverstand bisher ge-
wöhnt war.

**Expansion des Bewußtseins.**

Auf dieser abgesonderten Ebene
des Bewußtseins erkennen Sie
Ihre wirkliche Bestimmung und
Ihre ursprüngliche Existenz.

2. *Schritt:* Indem Sie Ihre *ursprünglichen Qualitäten* laut auf-

**Ursprüngliches »Gesicht«.**

171

zählen, helfen Sie sie manifestieren:

- »Ich bin *Licht, –* das ist, was ich wirklich bin, Licht!«
- »Ich bin *Liebe, –* das ist, was ich wirklich bin, Liebe!«
- »Ich bin *Freude, –* das ist, was ich wirklich bin, Freude, Spaß und Lebenslust!«
- »Ich bin *Inspiration, –* das ist, was ich wirklich bin, Inspiration, Intuition und Eingebung!«
- »Ich bin *Schönheit, –* das ist, was ich wirklich bin, schön von innen und von außen!«
- »Ich bin *Frieden, –* das ist, was ich wirklich bin, Eintracht und Frieden!«
- »Ich bin *Zärtlichkeit, –* das ist, was ich wirklich bin, zärtlich zu mir selbst und anderen!«

Die Strahlung und Ihre *ursprünglichen Qualitäten* lassen Sie schimmern und glänzen. Sie werden gewahr, wie Sie warme Energie abstrahlen und sich umgeben mit einer Säule *goldenen Lichts.* Ihr Herz liegt im Zentrum der gleißenden Säule, die Sie umgibt wie ein leuchtendes Kraftfeld. Ihr Herz nährt, vermehrt und erhält Ihre *ursprünglichen Qualitäten:* Licht, Liebe und Freude; Inspiration und Schönheit; Frieden und Zärtlichkeit.

Lichtkörper

*3. Schritt:* Jetzt nehmen Sie eine violette Flamme wahr. Sie beginnt zu Füßen der goldenen Säule und hüllt sie in einen Mantel violetten Lichts. Die Frequenz von Violett transformiert destruktive in kreative Energie. Eine violette Schutzhülle beschirmt Sie und Ihre spirituellen Qualitäten von jetzt an vor allen äußeren Angriffen.

Violett = höchste Frequenz sichtbaren Lichts.

Äußere Schutzschicht.

Ein violetter »Laserstrahl« durchdringt das Innere der schimmernden Säule genau in ihrer Mitte und steigt Ihre Wirbelsäule hoch. Wie ein reinigender Wirbelwind absorbiert der fliederfarbene Strahl alle unerwünschten Ladungen aus Ihrem Körper. Wie ein Magnet entzieht Violett die Kraft aus all Ihren negativen Gedanken und verwandelt

Innere Schutzschicht.

– Selbstkritik in *Eigenliebe,*
– Selbstzweifel in *Selbstsicherheit,*
– Angst in *Mut,*
– Sorge in *Zuversicht,*
– Selbstversagung in *Überfluß.*

Transformation und Kreativität.

*4. Schritt:* Nachdem Sie nun von außen und innen beschützt und entrümpelt sind, fließen in Ihnen Kreativität, Lebenskraft, Gesundheit, Stärke und Liebe wieder unverfälscht. Sie sind Licht und Freude, Inspiration und

Schönheit, Frieden und Zärtlichkeit!

Bekräftigen Sie hiermit, und sagen Sie laut, mit allem Nachdruck:

Bekräftigung von Schutz und Sicherheit.

»Ich bin von nun an innerlich und äußerlich beschützt und beschirmt!

Ich bin nicht mehr unerwünscht durch menschliche oder andere Quellen zu beeinflussen.

Das gilt für den heutigen und alle kommenden Tage!«

Wiederholen Sie diese Sätze dreimal.


## 6. Die »alchimistische« Heilung


Wahrscheinlich haben Sie irgendwann den Kontakt mit Ihrem »inneren Kind« verloren, aber es ist noch stets in Ihnen.

Niemand hofft und sehnt sich mehr nach Aufmerksamkeit, Trost, Kameradschaft und Liebe als Ihr »inneres Kind«, mag es sich scheinbar noch so sehr dagegen wehren!

Es sind genug Liebe und Verständnis in Ihnen, damit Sie sich mit dem Kind in Ihnen wieder ver-söhnen und/oder ver-schwistern können. Sie selbst haben sich jahrelang nach dieser Wiedervereinigung gesehnt und all Ihre Liebe für diesen Augenblick aufgespart. Dieser Riesenvorrat an Liebe wird Ihnen die

nötige Geduld und alle Fertigkeiten geben,
um sich mit Ihrem »inneren Kind« anzu-
freunden.

> Sein Mißtrauen und Ärger, seine Scheu und
> Schüchternheit werden schließlich dahin-
> schmelzen wie Schnee, wenn Sie Kontakt
> miteinander aufnehmen, einander entdecken,
> vergeben, unterstützen und heilen.

Vertrauen Sie auf die fast magnetische Anzie-
hungskraft zwischen Ihnen, denn Sie sind auf
diesem Planeten die wichtigsten Personen
füreinander.

### *Übung: Wiedersehen mit dem »inneren Kind«*

Sie können die folgende Übung
häufig unterbrechen oder sogar in
verschiedenen Etappen zu Ende
führen. Sie haben sich jahrelang
nicht gesehen; bitte lassen Sie sich
Zeit!

*1. Schritt: Suchen* Sie nach Ihrem
»inneren Kind« an den Plätzen
seiner Kindheit:
Sandkasten, Baumhaus, Kinder-
zimmer, dem geheimen Versteck
etc.

*2. Schritt: Beobachten* Sie das
Kind unbemerkt aus sicherer
Entfernung, und versuchen Sie
herauszufinden, in welcher Stimmung es ist und was diese Ge-
fühlslage verursacht haben mag.

Bemerken Sie, in welcher Lebensphase und unter welchen Lebensumständen sich Ihr »inneres Kind« befindet. Beginnen Sie sein Verhalten zu verstehen, indem Sie sich in seine Lage versetzen.

*3. Schritt:* Während Sie beobachten, werden Sie gewahr, wie verschiedene *Gefühle in Ihnen selbst* hoch-kommen. Erst wenn Sie mit sich selbst im reinen sind, werden Sie sich der kleinen Person mit Liebe, Zärtlichkeit und dem nötigen Respekt nähern.

*4. Schritt:* Jetzt *erblickt Sie* das Kind. – Was sind sein erster Impuls, seine erste Reaktion? Was geht in dem kleinen Gehirn vor? Welche Gefühle zeigt es, und welche hält es verborgen?
Geben Sie ihm Zeit, Sie zu betrachten und seine Gedanken zu ordnen.

*5. Schritt:* Setzen Sie sich *schweigend* neben es, und senden Sie – ohne Worte – die folgenden Botschaften:
»Wie sehr bin ich an Kontakt interessiert! Ich habe unbeschränkte Zeit mitgebracht und werde geduldig sein. Meine Liebe und mein Verständnis sind gewachsen, seit wir uns das letzte Mal gesehen haben. Verschiedene

Dinge aus der Vergangenheit tun mir leid, und ich möchte mich entschuldigen.« Etc.

Senden Sie als wichtigste Nachricht:

»Du bist ein großartiges kleines Kind!«

6. *Schritt:* Empfangen Sie die – ebenfalls wortlose – *Antwort des Kindes,* und akzeptieren Sie sie bedingungslos.

7. *Schritt:* Wenn die Zeit reif ist und sich ausreichend Vertrauen aufgebaut hat, können Sie *miteinander spielen.* Später können Sie miteinander reden und sich schließlich berühren. Stimmt das Kleine einer Umarmung zu? Bauen Sie ihm ein Haus oder eine Bleibe in Ihrem Körper, und machen Sie einen Platz aus, an dem Sie sich regelmäßig treffen wollen.

8. *Schritt:* Wenn die Zeit gekommen ist, einander wieder Raum alleine zuzugestehen, *nehmen Sie Abschied.* Machen Sie einen Termin aus. Zu welchem nächstmöglichen Zeitpunkt werden Sie einander wieder aufsuchen? Machen Sie ein Zeichen aus. Dann können Sie einander signalisieren, wenn Sie des anderen Hilfe dringend nötig haben.

In dem Moment, wenn die Distanz zwischen Ihnen größer und

größer wird, rufen Sie noch ein
letztes Mal:
*»Du bist ein großartiger kleiner
Junge/ein großartiges kleines
Mädchen!«*
Und erhalten als Antwort:
*»Du bist ein toller Erwachsener!«*

Abb. 41: Das Wiedersehen mit dem »inneren Kind«.

# Letzte Ratschläge

## 1. (Ohn)-Macht der Gewohnheit

Gewohnheit ist die Gesamtsumme unserer vorfabrizierten und angelernten Strategien, auf die sich unser – bequemer – Alltagsverstand nur allzu gerne verläßt. Zum Glück wissen wir, daß es nur *21 Tage* dauert, bis der Alltagsverstand eine veraltete Strategie durch eine bessere und vielversprechendere ersetzt.

Es ist nicht genug, die *Übungen* und *Meditationen* ein- oder zweimal zu probieren und auf andauernde Heilung zu hoffen!
*Gesundheit ist ein fortlaufender Prozeß und Heilung eine tägliche Beschäftigung.*
Wenn Sie schon willens sind, Ihren Gesundheitsprozeß in die eigenen Hände zu nehmen, dann machen Sie auch Nägel mit Köpfen! Schließen Sie sinnvoll ab, was Sie einmal begonnen haben!

*Bitte entschließen Sie sich, die Übungen und Meditationen mindestens 21 Tage durchzuhalten!*

## 2. Der beste Übungszeitpunkt

Untersuchungen haben drei Zeitpunkte ermittelt, die am besten geeignet sind für Meditationen oder geleitete Phantasien:

Vor dem Aufstehen:

Stehen Sie auf, wenn der Wecker klingelt, waschen Sie sich, putzen Sie die Zähne, und beginnen Sie die Übung.
*Ziel:* Bewußter Start in den Tag.

Mittagszeit:

Legen Sie mindestens eine zehnminütige Ruhepause ein. Urteilen Sie, wie Ihr Tag bisher verlaufen ist, und nehmen Sie sich Zeit für etwaige Korrekturen und Affirmationen.
*Ziel:* Entspannen und Befestigen.

Vor dem Einschlafen:

Der letzte Gedanke vor dem Einschlafen bestimmt den ersten Gedanken beim Aufwachen. Nehmen Sie nur ermutigende und bestätigende Gedanken mit hinüber in die andere Wirklichkeit von Schlaf und Traum.
Steuern Sie bewußt Ihr Unterbewußtsein mit Hilfe von Übungen, Affirmationen und Tonbändern. Schlafen Sie ein, während eine Kassette mit Ihren Affirmationen an der Grenze des Hörbaren abläuft.
*Ziel:* Bewußte positive Programmierung des Unterbewußten.

# 3. Affirmationen untermauern Erfolge

AFFIRMATIONEN *bestätigen, befestigen und untermauern,* was Sie bereits durch *Imagineering* vorbereitet haben. Sie geben Ihren Ideen Festigkeit und Dauer und helfen Ihnen, gesunde Gewohnheiten einzuüben, bis sie an die Stelle der ausgedienten Strategien getreten sind. Eine AFFIRMATION ist eine klare Botschaft an Ihr »inneres Kind«, geladen mit starken, positiven und ermutigenden Gefühlen.

AFFIRMATIONEN funktionieren am besten, wenn sie

- in der *Gegenwart* stehen, als ob die Heilung bereits stattgefunden hätte;
- *positiv* formuliert sind. Befestigen Sie, was Sie wollen (und nicht, was Sie nicht mehr wollen);
- *kurz und bündig* sind;
- *glaubhaft* klingen;
- Ihnen helfen, *Ihre Gefühle zu fühlen,* anstatt sie wegzustecken;
- mindestens *21 Tage* lang eingeübt werden.

Hier einige Beispiele:

Ich bin endlich in meinem Körper zu Hause und gebe den Ton an!

Ich akzeptiere und liebe meinen Körper bedingungslos!

Ich bin gut zu meinem Körper, und mein Körper ist gut zu mir.

Ich entlasse alle Denkschablonen aus meinem Bewußtsein, die zu meinem Zustand geführt haben. Ich fühle mich frei und gesund!

Ich bin jetzt auf allen Ebenen geheilt: körperlich, emotionell, geistig und spirituell.

Ich akzeptiere nur noch Gedanken, durch die ich mich gut fühle und ermutigt werde.

Mein innneres Licht sorgt hier und jetzt für Wunder in meinem Körper und in meinem Leben.

Von heute an gehe ich über meine Beschränkungen hinaus. Ich habe keine Grenzen mehr.

Von heute an werde ich meine Gefühle fühlen und ohne große Mühe auszudrücken wagen.

Ich habe in mir die Medizin, die alle Krankheiten heilt.

Mein Geburtsrecht sind strahlende Gesundheit, unendliche Energiereserven, überfließende Lebendigkeit, liebevolle Beziehungen und Großzügigkeit in finanziellen Geschäften.

Ich schlage vor, Sie wiederholen die Affirmationen täglich zu den Zeiten, die für Sie am besten geeignet sind. Sie können sie auch niederschreiben, Bilder zu ihnen malen oder sie auf ein Tonband sprechen und Tag und Nacht ablaufen lassen.

*Krankheit beeinflußt Beziehungen!*
Wenn ein Partner in einer Beziehung erkrankt, kann auch »die Beziehung angesteckt werden«. Ich empfehle Partnern, die Übungen und Meditationen gemeinsam zu machen. Der gesunde Partner kann auch anstelle des Erkrankten meditieren:
Probieren Sie es aus!

Nun sind Sie am Ende des Buches angelangt!
Loben Sie sich, wenn Sie das Gefühl haben, einen guten Griff getan zu haben!
Loben Sie sich, wenn Sie das Gefühl haben, daß Sie dieses Buch aufmerksam gelesen und praktiziert haben!
Loben Sie sich anerkennend dafür, wenn Sie sich hier und jetzt dafür entscheiden, mindestens 21 Tage mit Übungen, Meditationen und Affirmationen fortzufahren!

Erinnern Sie sich: Wenn Ihr Bewußtsein **und** Ihr »inneres Kind« gemeinsam Ihre Gesundung anstreben, wird diese innere Heilkraft alle Hindernisse überwinden! Der Ursprung Ihrer Heilung kommt aus der Natur. Sie sind ihr Kind!

Lassen Sie mich dieses Buch beschließen mit meinem Lieblingszitat von Albert Einstein:
*»Imagination ist wichtiger als alles Wissen!«*

Weitere bestehende und geplante Buchvorhaben von Dr. med. Heinrich Klaus:

– Mündige Patienten – gelungene Operationen, Ariston, 1990.
– Spiel- und Werkbuch für den Prä- und Postoperativen Patienten.
– Bewußtseinserweiterung durch Krankheit und Genesung. – Ein Werkbuch.


Tonkassetten von Dr. med. Heinrich Klaus:

Kassette I:     Seite A: Sechs Stufen deiner Heilung
                Seite B: Subliminale Version

Kassette II:    Seite A: Laß den Verstand in dein Herz sinken
                Seite B: Subliminale Version

Kassette III:   Seite A: Heilung mit goldenem Licht
                Seite B: Schutz durch goldenes Licht

Kassette IV:    Seite A: Meditation unterm goldenen Baum
                Seite B: Subliminale Version

Kassette V:     Seite A: Begleitetes Imagineering
                Seite B: Begleitetes Imagineering

Für individuelle Beratungen wenden Sie sich bitte an folgende Kontakt-adresse:

Deutsches Zentrum für Imagineering und menschliche Medizin (DZIMM)
Gründer Dr. med. Heinrich Klaus
Buchhandlung Wrage
Schlüterstr. 4
2 Hamburg 13
Tel. 040 – 45 52 40

Über diese Adresse erhalten Sie auch Informationen über Seminare, Workshops und Ausbildungen in Imagineering und über das »Patien-ten-Kolleg«.

# KREATIVE LEBENSGESTALTUNG
## MIT HEINZ RYBORZ

# Denken und Gedächtnis

Kurt Tepperwein
Die ›Kunst‹ mühelosen
Lernens          10459

Alfred Bierach
Wege zu einem Super-
gedächtnis          10360

Tony Buzan
Nichts vergessen!
10385

Malte W. Wilkes
Die Kunst, kreativ zu
denken          10150

Tony Buzan
Kopf-Training
10926

# GOLDMANN

# GESUNDER KÖRPER – GESUNDER GEIST

# WEGE DER SANFTEN KÖRPERERFAHRUNG

Klaus Moegling
Die chinesische
Bewegungsmeditation Tai Chi Chuan
10425

Klaus Moegling (Hrsg.)
Sanfte Massagen
10412

**GOLDMANN**

# Gesundes Fitneß-Training

Norbert Traeder
Das Bodybuilding
Handbuch
10443

Norbert Traeder
Das Figur- und
Fitneß-Handbuch
für Frauen
10452

**GOLDMANN**

# Goldmann
# Taschenbücher

**Allgemeine Reihe**
**Unterhaltung und Literatur**
**Blitz · Jubelbände · Cartoon**
**Bücher zu Film und Fernsehen**
**Großschriftreihe**
**Ausgewählte Texte**
**Meisterwerke der Weltliteratur**
**Klassiker mit Erläuterungen**
**Werkausgaben**
**Goldmann Classics (in englischer Sprache)**
**Rote Krimi**
**Meisterwerke der Kriminalliteratur**
**Fantasy · Science Fiction**
**Ratgeber**
**Psychologie · Gesundheit · Ernährung · Astrologie**
**Farbige Ratgeber**
**Sachbuch**
**Politik und Gesellschaft**
**Esoterik · Kulturkritik · New Age**

*Goldmann Verlag · Neumarkter Str. 18 · 8000 München 80*

Bitte
senden Sie
mir das neue
Gesamtverzeichnis.

Name: _____

Straße: _____

PLZ/Ort: _____